AF590783

RENÉ PUAUX

DÉCOUVERTE DES AMÉRICAINS

PRIX STRASSBURGER 1930

PARIS
BIBLIOTHÈQUE-CHARPENTIER
FASQUELLE ÉDITEURS
11, RUE DE GRENELLE, 11

DÉCOUVERTE

DES AMÉRICAINS

DU MÊME AUTEUR

La Grille du Jardin. Poésies (Plon).

Pour rencontrer lord Scavander (Grasset).

Ce fut le beau voyage. (Payot)

Silhouettes anglaises (Annales).

L'armée anglaise sur le continent (Fasquelle).

La Grande Vague. Roman (Ile-de-France).

Sapho-Paraphrases (Pichon).

La Femme du rêve. Roman (Fasquelle).

EN PRÉPARATION :

Le Jardin de Candide.

Le Treizième travail d'Hercule (Nouvelles).

IL A ÉTÉ TIRÉ DE CET OUVRAGE :
20 exemplaires sur papier de Hollande numérotés.

RENÉ PUAUX

DÉCOUVERTE
DES
AMÉRICAINS

PARIS
BIBLIOTHÈQUE-CHARPENTIER
FASQUELLE ÉDITEURS
11, RUE DE GRENELLE, 11

DÉCOUVERTE DES AMÉRICAINS

AVANT-PROPOS

La Dotation Carnegie pour la paix internationale ayant convié un certain nombre de journalistes européens à visiter les Etats-Unis, j'ai eu la bonne fortune d'être l'un de ces privilégiés. Aucune obligation ne limitait notre activité. Nous n'avions ni articles à écrire, ni rapport à rédiger, ni conférences à faire à notre retour. On ne nous demandait que de regarder, de prendre contact avec les hommes et les choses transatlantiques et de former, de bonne foi, notre jugement. Aussi bien l'éminent président de la fondation Carnegie, M. Nicolas Murray Butler, que ses représentants à Paris, New-York et Washington, MM. Earle Babcock, Henry S. Haskell et Brown Scott étaient persuadés que d'une vision directe et de rapports personnels naîtrait la compréhension qui est l'essentielle condition des bonnes relations internationales. Ils ne se sont pas, au moins en ce qui me concerne, trompés. J'avais, sur les Etats-Unis, des idées théoriques ne répondant que de loin à la réalité. Comme on m'y invitait, j'ai passionnément regardé et j'ai pris beaucoup de notes. Elles se sont transformées en une série de lettres que le Temps *a publiées.*

Le jury du prix fondé par M. Ralph Beaver Strassburger pour le ou les meilleurs articles parus dans le courant de l'année sur les Etats-Unis a fait à cette sé-

rie d'articles l'honneur d'une attribution à l'unanimité.

Que le généreux donateur et MM. André-François Poncet, Léon Bailby, Emile Henriot, Georges Lechartier, André Maurois, Pierre Mille et Paul Reboux en soient ici remerciés.

En dehors des avantages matériels, hautement appréciables, du prix Strassburger, il y a eu, pour moi, dans ce laurier, la satisfaction d'une récompense que je n'avais pas cherchée et pour laquelle je n'avais, en écrivant, fait aucune concession de forme ou de pensée.

C'est ainsi que j'ai vu les Etats-Unis.

Ai-je servi la cause de l'amitié franco-américaine chère au cœur de M. Ralph Beaver Strassburger? Je le crois — comme l'ont évidemment cru ceux qui m'ont donné leur voix — parce que ma conviction est que les faiblesses et les singularités de la vie américaine expliquent ce que nous ne comprenons pas bien souvent dans la politique des Etats-Unis à l'égard de l'Europe et à notre égard. Nous nous imaginons Washington comme une capitale toute-puissante, semblable à Paris, Londres, Rome ou Berlin, comme une tourelle de commandement. C'est une erreur d'optique.

Les Etats-Unis sont une nation en formation, à la recherche d'une doctrine, en proie à de multiples courants intérieurs qui entravent constamment l'action diplomatique de ses dirigeants.

Si ces quelques pages réussissent à convaincre mes compatriotes qu'ils ne doivent pas sommairement critiquer ou condamner « l'Amérique » chaque fois qu'ils éprouvent quelque déception, elles auront fait œuvre utile.

R. P.

PREMIERS CONTACTS

Par 40° 33 de latitude Nord et 55° 55 de longitude Ouest, l'avant-veille de l'arrivée en Amérique, notre voisin de table déguste, avec un soupçon de mélancolie, son avant-dernière bouteille de chablis. Il a pour les vins de France, qu'il a appris à apprécier pendant la guerre, lorsqu'il était capitaine d'infanterie devant Saint-Mihiel, une affection de connaisseur. Du nouveau séjour qu'il vient de faire en France, pèlerinage qui l'a conduit jusque sur la Riviera, il rapporte la découverte des Châteauneuf-du-Pape dont il évoque avec attendrissement le souvenir.

Après le dîner, les bonnes volontés se mettent au service des œuvres d'assistance aux gens de mer, dans le traditionnel concert.

Une brune jeune fille, qui vient de terminer ses études d'architecte à Paris et qui — honneur lui soit rendu — n'a pas sacrifié son opulente chevelure, ne tient pas toutes les promesses du programme car, ayant fait annoncer

I'll sing thee songs of Araby

elle susurre plus qu'elle ne chante une petite mélodie dont, par modestie sans doute, le nom de l'auteur n'est point révélé.

Puis vient le *well-known operatic tenor* — il y en a toujours un, obligatoirement *well-known*, à bord d'un transatlantique; un senor mexicain, olivâtre à souhait, plie en deux une Américaine blonde et rose en une exhibition de tango argentin. Le *chairman*, un capitaine grisonnant, qui bafouille un peu, car l'art oratoire n'est pas son métier, annonce la quête et la vente aux enchères d'un programme illustré dont le pointillisme subtil déroute un peu et qui n'atteint pas, de ce fait, des prix américains.

Tout le monde se lève quand l'orchestre du bord attaque *Star spangled banner* dont l'assistance, religieusement, chante les paroles. Même recueillement et même accompagnement choral pour *God save the King,* car nous sommes à bord d'un steamer britannique.

Le concert est terminé. Un dernier tour du pont-promenade et les gens raisonnables vont se coucher.

L'ardente jeunesse et ceux qui n'ont point sommeil se retrouvent au bar-fumoir et commandent de l'*ale* ou des *whisky and sola* en série, de façon à en avoir en réserve sous la table quand 11 h. 30, *closing time,* sonneront à l'horloge de cuivre repoussé qui décore le manteau de la cheminée.

Ces provisions faites, vautrés dans les profondes banquettes et les fauteuils à oreillettes, jeunes gens et jeunes filles, lançant au plafond des *geysers* de fumée virginienne manifestent par des rires sonores et des hurlements variés leur amour de la liberté.

Soudain la *Marseillaise,* entonnée par un baryton frénétique, donne à ces sentiments l'occasion, sans doute attendue, de se confirmer avec une exceptionnelle vigueur.

Cela rappelle la prise d'assaut des cafés boulevardiers le soir de l'armistice et les embrassades populaires, où les soldats du général Pershing tinrent à ne pas être les moins ardents. Un jeune professeur à lunettes cerclées d'or, tout en criant à tue-tête « le jour de *gloare* est arrivé! » se penche, sans que ce soit l'effet du roulis, sur l'épaule nue de sa compatriote rose qui le repousse d'ailleurs avec une indulgente dignité.

Personne ne s'est levé, on chante assis et même à

demi-couché. Des « chut! » protestataires partent de divers coins du fumoir. La jeunesse n'a pas l'air de comprendre. Quelle incorrection commet-elle? Ah oui! les hymnes nationaux s'écoutent ou se chantent debout comme tout à l'heure *Star spangled banner* et *God save the King,* mais le vieux chant qui a accompagné le drapeau tricolore à travers le monde n'a pas la componction religieuse des hymnes américain et britannique. Il est plein d'entrain, de vie, d'espérance humaine — il a pourtant étreint jusqu'aux larmes des millions d'êtres, — il représente quelque chose qui va toujours de l'avant, courageusement; il y a en lui un tel frémissement d'indépendance que ces jeunes Américains l'entonnent sans irrévérence calculée ou inconsciente. Cela fait partie de leur répertoire des jours heureux.

Un moraliste un peu grincheux croit devoir me faire observer que je suis beaucoup trop optimiste et que cette désinvolture est le signe du peu de considération dans laquelle on nous tient.

Nous sommes le pays d'une liberté qu'on apprécie quand on en jouit, mais qui n'a ni la vanité des jeunes nations électrifiées et standardisées ni l'orgueil impressionnant de la vieille Angleterre. On peut en prendre à son aise avec lui. On s'amuse de ses méprisables romans polissons, on se pare des robes et chapeaux créés à Paris, mais on critique sans ménagement toute l'armature de son existence nationale. Et la *Marseillaise* peut se chanter assis, comme tous les airs bachiques.

Je crois que mon moraliste exagère. Certes, malgré le caractère composite de la nation américaine, la similitude de langue, comme la formation première de sa civilisation, ont imprégné le jeune peuple d'une invincible et respectueuse admiration pour la grand'mère anglaise. C'est elle qui donne le ton et impose les manières. On retire les mains de ses poches et l'on rectifie son nœud de cravate devant la *old lady,* mais l'on ne nous méprise pas pour cela. On nous aime, mais on ne nous comprend pas. Nous sommes des fantaisistes tour à tour héroïques, pacifiques, belliqueux, raisonnables, illogiques, inventifs, retardataires, gâchant scandaleusement un prodigieux capital d'intelligence, et en conséquence parfaitement déroutants pour des gens habitués à exploiter la plus petite parcelle de matière grise se révélant productive.

L'Américain moyen n'a de la France, comme du reste de l'Europe d'ailleurs, qu'une conception extrêmement confuse et limitée.

Ceux qui ont fait la guerre connaissent notre pays et lui sont attachés de façon même émouvante, mais combien sont-ils dans cet immense continent, si vaste que ses populations s'ignorent entre elles? Ne me citait-on pas ce sénateur du Middle West qui, arrivé à New-York et descendu avec sa femme dans un des palaces du centre, n'osait pas en sortir, passé huit heures du soir, persuadé que dans Broadway ou la Fifth Avenue — ce qui équivaut à nos grands boulevards ou à l'avenue de l'Opéra — l'on jouait du browning et l'on détroussait les passants imprudents quand d'impudiques hétaires ne scandalisaient pas les regards.

Si les pères conscrits de l'Arkansas, de l'Iowa ou du Nebraska jugent ainsi la plus grande cité de leur propre patrie, comment leur demander de renoncer au cliché de Paris moderne Babylone, antichambre de l'enfer!

Je ne connais pas et ne tiens pas à connaître les dancings new-yorkais, les boîtes de nuit, les *speakeasies,* ces bars clandestins de toutes catégories, depuis celui où le champagne français de bonne marque se vend sept cents francs la bouteille, jusqu'à « l'assommoir » plébéien où l'on débite des alcools industriels qui paralysent les nerfs optiques.

Pas plus tard qu'hier, une descente de police a saisi pour deux mille dollars de liqueurs et de bière en bouteilles dans l'un d'entre eux.

Dans toute immense agglomération, la morale est impuissante à s'imposer totalement, car, quoi qu'en ait pu dire le cynique Jean-Jacques, l'homme ne naît pas naturellement bon.

Paris vaut New-York, avec cet avantage que les boissons y sont meilleur marché ou d'inoffensive qualité. Cette considération ne devait pas être étrangère à la remarque qui termina mon interrogatoire par l'officier de police du service des passeports. Comme je lui affirmais que mon intention était de regagner Paris d'où je venais. « *I wish you could take me with you* », déclara-t-il avec un sourire.

Si, contrairement à la légende, on ne vous demande pas officiellement si vous êtes bigame, repris de justice ou venu avec le désir de faire sauter la Maison-Blanche, il est exact qu'il faille subir la *nuisance* d'interviews express ou laborieuses d'une désarmante ineptie. Certains journaux américains délèguent à cet effet, spéculant sans doute sur la courtoisie européenne, des jeunes filles auxquelles on ne saurait sans méchanceté refuser cette « copie » dont elles vivent.

Celle qui s'escrima à m'arracher des confidences sollicita successivement mon opinion sur la situation en France, mon avis sur les bénéfices économiques du désarmement, ce qui m'avait le plus frappé dans les rues de New-York, ce que je pensais des « gratte-ciel », et s'arrêta, le crayon au bout des doigts, ayant épuisé ses facultés imaginatives quant à ce qu'elle pouvait bien encore me demander.

Je lui aurais volontiers pour ma part posé quelques questions concernant son idéal journalistique et sa préparation professionnelle, mais elle avait déjà enfoui ses feuilles de papier dans son sac et pris son vol vers d'autres proies, à moins qu'elle ne fût une élève de première année de l'école de journalisme de l'Université de Columbia procédant à des travaux pratiques pour son examen trimestriel.

JOURNALISME AMÉRICAIN

En Amérique tout s'enseigne. Il y a une école de l'art cinématographique où des professeurs posent des problèmes, fixent des règles et corrigent des scénarios; il y a, au Mount Holyoke College, dans le Massachusetts, un « laboratoire théâtral » où l'on met en scène les drames et comédies des élèves qui suivent des cours spéciaux; il y a, à l'université de Columbia et dans d'autres universités, une école de journalisme qui est une véritable faculté décernant des diplômes. Cela nous effare un peu, car la production intellectuelle nous paraît un phénomène individualiste où la culture est nécessaire mais où le don l'est plus encore. Il faut se rendre compte que les conditions de la vie ne peuvent se comparer dans la jeune Amérique et dans la vieille Europe. Les Etats-Unis sont un pays de formidable consommation, de formation si rapide qu'on y manque d'hommes. Il y a de la place pour tout individu d'un génie si mince soit-il, des tables et des bureaux qui attendent quiconque sait et peut faire quelque chose. La semaine dernière on a arrêté à Chicago le directeur d'une revue créée par lui et qui lui rapportait vingt mille dollars par an, soit cinq cent mille francs. C'était un forçat de Géorgie en rupture de chaîne. Après son évasion, il avait essayé divers métiers et avait fini par trouver sa voie dans l'édition. Son magazine n'était pas plus mal fabriqué qu'un autre, au contraire. C'était un homme d'initiative. Il avait recruté de bons chroniqueurs, des *stories tellers* amusants et des courtiers de publicité débrouillards. Personne ne lui avait demandé d'où il venait ni suspecté ou contrôlé son identité. Les Etats-Unis sont trop grands et l'on n'a pas le temps de s'occuper de cela. L'homme court sa chance. Sans la vindicte d'une femme jalouse, le directeur du magazine de Chicago, ex-cambrioleur d'une épicerie, aurait conquis une place honorable au soleil et peut-être publié, en exclusivité payée à prix d'or, les mémoires du préfet de police de Chicago, une ville où cette fonction n'est pas une sinécure.

Nous avons évidemment une autre conception des conditions requises pour assumer la direction d'une revue. Nous croyons à la nécessité d'un programme littéraire, nous nous hypnotisons sur des doctrines. Ici l'on vend des nouvelles et des histoires qui servent de support à de la publicité. Le bon directeur doit avoir des dons d'étalagiste et de solides capacités commerciales. Il n'est inféodé à aucune école et à aucune chapelle.

Cela s'entend évidemment de ce qui est fait pour le grand public, car les Etats-Unis ont leurs esthètes et leurs publications de haute qualité, mais celles-ci sont alimentées par l'intellectualité supérieure des universités.

Les écoles de cinéma, de théâtre et de journalisme sont faites pour procurer de la matière et du personnel aux innombrables usines où se malaxent les produits destinés à la masse.

Quand on a pénétré dans les bureaux d'une agence d'information comme l'*Associated Press,* qui distribue jour et nuit — car la différence d'heure entre l'ouest et l'est d'un continent comme les Etats-Unis joue un rôle — des télégrammes à mille deux cents journaux, par des circuits télégraphiques et téléphoniques combinés, on se rend compte du nombre de rédacteurs nécessaires pour recevoir, corriger, mettre au point, au goût local, ce déluge de nouvelles. Dans de petites villes de province plus peuplées que nos grandes villes, il y a des journaux qui sont aussi volumineux que ceux de New-York ou de Chicago. Il leur faut des *editors* et *sub-editors* habiles à trouver des titres sensationnels, à imaginer des mises en pages qui tirent l'œil et, comme ici l'on ne se fixe pas, comme — dans une trépidation perpétuelle, dans un amour du provisoire qui fait démolir les maisons au bout de trente ans pour en construire de plus modernisées, amour du provisoire qui semble la caractéristique de la race et qui a, en somme, la beauté d'un effort vers le mieux, — on change de profession ou d'emploi dès que l'occasion s'en présente, le personnel se renouvelle sans cesse.

L'on ne connaît pas ici l'infortuné confrère, de longue expérience, qui ne trouve pas de situation. S'il écrit correctement sa langue, connaît la sténographie et pratique la machine à écrire, il y a toujours un *job* pour lui quelque part. Nous concevons le journalisme soit comme un apostolat d'idée soit comme une tentative de fixer l'histoire, ne serait-elle même qu'anecdotique. En analysant la mentalité américaine, on la sent tendue vers l'avenir, n'attachant aux événements qu'une valeur relative à leur répercussion future. *News*, c'est ce qui est nouveau, ce qu'il faut connaître pour être de son temps. Les déclarations saugrenues que l'on tente d'arracher à l'Européen fraîchement débarqué du transatlantique ne sont pas de simple remplissage. On attend de ce nouveau venu quelque message messianique, une révélation utilisable, quelque chose que l'on ne connaissait pas et dont le peuple américain pourra faire son profit. Cent fois l'on ne recueillera que des lieux communs, des formules de politesse, mais, qui sait? une fois peut-être surgira une idée.

Quand j'ai visité l'école du journalisme, les examens étaient en cours et les élèves de première année peinaient sur la rédaction de cinq articles — ils avaient trois heures pour cela — dont voici les sujets :

1° Donner un compte rendu des décisions et opinions divergentes dans la Cour suprême sur le statut des Philippines au sujet des tarifs douaniers et de l'administration de la justice :

a) Pendant l'occupation militaire avant la ratification du traité de paix;

b) Après la ratification et avant l'introduction de la législation;

c) Après la législation.

2° Caractérisez brièvement l'œuvre et le rôle dans la politique américaine de Henry Cabot Lodge, Alton B. Parker, Frank O. Lowden, Thomas C. Platt, Orville H. Platt, David B. Hill, Eugène V. Debs, Hiran Johnson, Champ Clark, A. Mitchell Palmer.

3° Décrivez brièvement les conventions démocratique, républicaine et progressiste, et la campagne électorale de 1916.

4° Décrivez l'organisation et les fonctions des principales cours de justice de l'Etat de New-York.

5° Décrivez brièvement l'organisation et le gouvernement de la ville de New-York.

Une quinzaine de jeunes gens et deux jeunes filles penchés sur des machines à écrire tapaient fiévreusement, dans un vacarme qui les préparait de toutes façons aux salles de rédaction américaines ce qu'ils savaient sur ces différents sujets.

N'avoir que trois heures pour parler — pardon, pour écrire — sur tant de choses, indiquait bien qu'il ne s'agissait que de contrôler l'assiduité aux cours d'histoire de la vie politique des Etats-Unis. C'est un peu l'équivalent de ce qu'apprennent les étudiants de notre Ecole des sciences politiques qui prépare à toutes carrières libérales.

Plus professionnels sont les cours qui ont trait au journalisme proprement dit. Dans l'un l'on étudie la présentation des nouvelles, après leur réception télégraphique, dans l'autre l'intérêt psychologique desdites nouvelles, leur réaction sur le lecteur. Puis viennent des conférences sur l'administration d'un journal, le côté commercial d'une telle entreprise, le rendement des annonces, le prix du papier, des machines, les salaires, la législation affectant la presse, etc.

Des exercices pratiques de reportage, de mise en pages, de rédaction d'éditoriaux, d'articles financiers, littéraires, publicitaires complètent cet enseignemen qui s'étend sur deux années.

Tout cela est fait avec le sérieux et la conviction qu les Américains apportent en toutes choses. Cela n'a à notre sens, qu'un inconvénient, celui de fabrique des journalistes en série, standardisés, qui invariable ment mettront les mêmes titres aux mêmes nouvelles qu'ils soient *éditors* à San-Diego ou à Milwaukee, e disposeront leur première page et toutes les autres sui vant le canon scolaire.

Je ne dis pas que notre grande presse d'information n'ait pas tendance à travailler dans les mêmes condi tions, en tenant compte de l'échelle des valeurs de la curiosité publique, même si cette curiosité est mal saine, mais nous laissons malgré tout plus de fantaisie à l'équipe rédactionnelle.

Ce qui distingue l'esprit latin de l'esprit américain c'est le besoin analytique du premier, son souci de commenter, de critiquer, de résumer, de tirer une conclusion des événements qui lui sont soumis. La nouvelle proprement dite n'est qu'un document que l'on peut réduire à sa plus simple expression.

Ici au contraire l'information prime tout. Plus elle est rapide et sensationnelle et meilleure elle est. Les commentaires passent au second plan. Les éditoriaux se cachent modestement au milieu du journal, et bien des gens avouent qu'ils ne les lisent pas. Cela ne s'applique pas évidemment à certains organes de haute tenue comme le *New-York Times* par exemple, dont l'autorité égale sinon surpasse celle de son homonyme londonien; mais son directeur, M. Ochs, qui nous montrait, dans son bureau du quatorzième étage de l'immeuble du journal, les photographies dédicacées du maréchal Foch, de MM. Clemenceau, Poincaré et Briand avec une souriante fierté, est trop imbu de l'esprit américain pour ne pas ressentir un plaisir presque équivalent aux exploits techniques de sa rédaction, et il nous racontait ceci :

Nous sommes, vous le savez, en liaison radiographique avec l'expédition du commandant Byrd au Pôle sud. Le chef de notre service, ayant constaté que la réception des messages de l'Antarctique était souvent brouillée par des parasites de la Cité, eut l'idée de monter chez lui, à Long-Island, c'est-à-dire dans nos faubourgs, une antenne réceptrice et de la brancher sur son téléphone. Ce circuit fonctionna à merveille avec le seul désavantage de bloquer la ligne téléphonique. Or, il advint que nous eûmes une communication urgente à lui faire. Ne pouvant l'appeler au téléphone, notre opérateur prit l'initiative de radiographier au navire du commandant Byrd : « Veuillez prier M. X... d'interrompre un instant la réception et de nous téléphoner. » Deux minutes après, ainsi prévenu via le Pôle sud, notre radiographe était au bout du fil.

Un taxi eût mis un quart d'heure à aller à Long-Island. Un coup de téléphone à un colocataire ou voisin — car les Américains sont l'obligeance même — eût abouti presque au même résultat; mais le côté sensationnel de l'expérience était déterminant... et puis c'était une histoire à raconter. Les gains formidables, grâce à la publicité intensive, des grands journaux américains, gains qui se chiffrent par millions de dollars, leur permettent de financer royalement toute initiative de caractère inusité pouvant se transformer en colonnes attrayantes. Le *New-York Times* a versé 17.000 dollars (425.000 fr.) à Lindberg pour le récit de sa traversée fameuse de l'Atlantique. Il ne reculera devant aucun sacrifice pour toute exclusivité de caractère similaire.

Cela n'a qu'un tort, celui de blaser progressivement un public aussi prodigieusement gâté. Rien ne peut plus l'étonner et il lira, sans un sursaut : « Voir à la page 42 la suite du récit de l'atterrissage dans la lune. »

Si le journalisme américain reste friand d'insignifiants articles, cartes d'échantillons de banalités sonores, signées Mussolini, Paderewski, Pilsudski ou d'une vedette quelconque, maladie dont nous nous guérissons peu à peu, il faut lui rendre cette justice qu'il est plus que tout autre accueillant aux nouveaux venus qui n'ont que leur talent pour recommandation Le fils à papa ne bénéficie d'aucun handicap. La so ciété américaine ne s'est pas encore stabilisée en caste exclusives. Elle est en formation. Il n'est nullemen dit que sa presse sera demain ce qu'elle est aujour d'hui et qu'un beau matin le journal concentré, à l'eu ropéenne, ne remplacera pas les feuilles volumineuse dont l'immense publicité est la raison d'être. Tout es ici conditionné par des considérations économiques On ne s'attache pas à des formules, mais à ce qui paye L'industrie du pétrole a, l'an dernier, pour dix-sep de ses sociétés, dépensé 6.050.000 dollars, soit 151 mil lions 250.000 francs de publicité, et n'est pourtant qu la sixième par ordre de grandeur dans le champ pu blicitaire.

Que cette manne prodigieuse vienne à manquer pa suite de crise économique, il faudra bien s'adapter au conditions nouvelles, mais le propre de l'Amérique es de ne pas s'entêter et de savoir s'adapter. C'est la raiso de son perpétuel changement.

LA CRISE DE LA PROSPÉRITE

Un humoriste du *Washington Herald*, égrenant des pronostics sur l'avenir de New-York se développant perpétuellement en hauteur, prévoyait qu'une pièce spéciale, de l'étendue d'un garage, devrait être réservée aux seuls annuaires du téléphone. Il est de fait que ces immeubles gigantesques, dont le portier ne connaît pas les habitants par leur nom mais par celui de leurs firmes, ces hôtels de mille chambres et plus où quotidiennement passent un million d'étrangers à la ville, cet embouteillage des grandes artères dont la signalisation automatique n'arrive pas à résoudre complètement le problème, donnent à l'avenir de New-York d'inquiétantes perspectives. On va pourtant de l'avant, on parle de *sky-scrapers* de plus en plus vertigineux, défiant la tour Eiffel, non par puérile vanité, mais par plaisir de vaincre des difficultés techniques et de compenser le prix exorbitant des terrains. Des capitaux énormes sont engagés dans de colossales entreprises. Il semble que l'Amérique soit dans l'impossibilité de s'arrêter dans cette marche ascendante, comme le joueur qui s'acharne sur un perpétuel « quitte ou double », parce qu'elle est prise dans un engrenage, celui d'une prospérité qui a donné à son peuple un certain *standard of life* dont il ne peut imaginer une diminution.

Et pourtant tout ne marche pas comme on le voudrait. Les agriculteurs se plaignent, les industriels se lamentent. Les uns demandent un appui de l'Etat, les autres des tarifs protectionnistes. Il y a des faillites et des liquidations. Cela nous surprend, car nous sommes habitués à considérer l'Amérique comme un pays d'Eldorado qui a emmagasiné dans ses caisses quelque chose comme la moitié de l'or du monde et où tout n'est que confort et plaisir.

Il est certes exact que l'on vit bien, que les salaires sont élevés, que posséder une auto, un appareil de radio et un phonographe est la chose la plus banale qui soit, mais l'économie politique ne se contente pas de ces souriantes apparences. Elle note les prix de revient, elle se plonge dans les statistiques, elle consulte les bilans commerciaux et elle constate que la vieille Europe inonde le marché américain de produits que les usines d'ici, malgré tous leurs perfectionnements mécaniques — et quelquefois à cause d'eux, — ne peuvent produire au même prix. La dévalorisation des monnaies européennes a rompu l'équilibre. Il est plus économique de faire venir du centre de l'Europe, malgré les charges du transport par chemin de fer et cargo, des pavés de granit que de les extraire sur place.

Des millions d'Américaines portent des chaussures qui viennent de Bohême; on emploie du ciment qui arrive de Belgique; les chaises sur lesquelles, au Congrès, s'assoient les membres de la commission des douanes portent l'estampille: *Made in Tcheco-Slovakia.*

Quand l'on étudie les graphiques d'une impression si claire, publiés par la chambre de commerce des Etats-Unis, on s'aperçoit qu'il est non seulement des pays qui équilibrent à peu près leur exportation et leur importation avec l'Amérique, mais qu'il en est d'autres, comme le Japon, le Mexique, le Brésil, la Colombie, le Chili, l'Inde britannique, Cuba, la Chine, qui lui vendent plus qu'ils ne lui achètent. Il s'agit, il est vrai, presque toujours, de matières premières comme la soie, le café, le caoutchouc, le pétrole, des minerais et autres produits du sol; mais les produits manufacturés ne sont pas absents de cette liste. Les souliers y figurent par exemple pour 8.254.000 dollars, en augmentation de 3 millions de dollars sur 1927 et de 189,4 % sur la moyenne de 1923 à 1927, les gants de peau absorbent 11,103.000 dollars, les dentelles de coton et les broderies 11.252.000 dollars, les savons et crèmes de toilette 7.095.000, les produits pharmaceutiques 5.179.000, les tapis de laine 21.454.000, les livres et autres imprimés 14.422.000, les œuvres d'art 65 millions 753.000 (ce qui ne représente que 1,7 % de la valeur totale des objets importés).

Et les principaux tableaux de la chambre de commerce ne font pas état de tous les autres produits dont l'importation est inférieure à 5 millions de dollars, pour ne pas être débordés par la statistique.

Il est pourtant des articles qui, sans atteindre ce chiffre minimum de 125 millions de francs, ont une réelle importance, ne seraient-ce que les films photographiques qui s'inscrivent pour 261.755.000 pieds de long, les lampes électriques qui se chiffrent par 36 millions 658.000 unités, les 2.643.000 balles de golf, les nappes et serviettes qui sont 19.412.000, les montres, les porcelaines, etc., etc.

Comment, en dehors des matières premières qu'il ne produit pas ou produit insuffisamment et des quelques spécialités dont il ne peut, malgré la meilleure volonté, offrir à son public l'équivalent, le territoire des Etats-Unis, grand comme l'Europe tout entière et industriellement équipé comme nul pays au monde, en est-il réduit à accepter cette importation étrangère, d'autant qu'aucun snobisme ne l'y pousse et qu'on aurait plutôt tendance ici à considérer le produit américain, par principe, comme *the best in the world?*

La faute en est, comme nous l'avons dit, au coût de la main-d'œuvre et à la difficulté d'amortir un outillage perfectionné, mais d'un prix proportionnellement très élevé. Pour qu'une usine américaine donne des dividendes, il faut qu'elle travaille à plein rendement, ce qui n'est pas toujours possible, la concurrence saturant le marché.

Il n'y a pas ici de politique industrielle équilibrée. Dès qu'un produit conquiert la faveur du public et donne des bénéfices, on en lance, par tonnes, un semblable.

Et cela s'applique aussi bien aux produits du sol qu'aux objets manufacturés.

Les pêches se vendent-elles bien, tout le monde plante des pêchers. L'Etat de New-Jersey s'inscrit-il dans les statistiques pour avoir fait sortir de leur coquille 20.000 poussins par jour, le Missouri en annonce 40.000 l'année suivante et le dernier exercice démontre que la seule ferme de Petaluma en Californie a battu le record avec le chiffre de 85.000 poussins par jour.

Cela a le double désavantage de condamner la moitié de l'Amérique à consommer des *chicken dinners* et d'avilir les prix.

Cette frénésie productrice est une des conséquences de la guerre mondiale, quand l'Amérique s'est trouvée dans une situation privilégiée de fournisseur de pays paralysés. Avec l'aide de l'Etat, qui a procédé à de grands travaux de défrichement et d'irrigations, les surfaces du sol livrées à la culture ont augmenté dans des proportions énormes, les banques ont financé les fermiers, et la demande mondiale a répondu à cet effort. Le blé est passé de 0,80 le boisseau à 2,15; le coton de 0,12 la livre à 0,36; le maïs de 0.0969 le décilitre à 1,25; la viande de porc de 10,40 à 19,08. Dans l'Etat d'Iowa l'acre de terre, qui valait 82,58 en 1910, est passé à 199,28 en 1920, 40 millions d'acres de pâturage ayant été transformés en champs productifs.

Mais la crise de déflation de 1920 est survenue. Les Etats de l'ouest et du sud en ont subi l'immédiat contre-coup; le coton est tombé de 36 à 13,9, le blé de 2,15 à 0,92 et la viande de porc à 7,85.

Les pays étrangers, appauvris par la guerre, ont cherché des marchés où leur monnaie dépréciée avait encore un certain pouvoir d'achat; la consommation industrielle comme la demande des produits agricoles ont changé et les Etats-Unis se sont trouvés devant cette situation paradoxale de recevoir de moins en moins pour un travail de plus en plus productif.

M. James E. Boyle, professeur d'économie politique à l'université de Cornell, dans son récent ouvrage sur le problème agraire : *Farm Relief*, est arrivé à démontrer que sur 33.064.737 citoyens de plus de 10 ans, tirant leur gagne-pain du travail, 9.869.030 agriculteurs, soit 30 %, ne recevaient que 13,8 % des revenus généraux de la nation, soit 13 millions de dollars ou 1 dollar 320 par tête.

Ils avaient dû investir 78 milliards de dollars en terres et en matériel pour lesquels ils ne touchaient aucun intérêt et devaient payer 797 millions d'impôts.

Le cri de détresse des fermiers ne pouvait manquer d'être entendu par les milieux politiques, tant au point de vue électoral, qui ne perd ses droits pas plus ici qu'ailleurs, qu'à celui de l'économie nationale.

Et le projet de loi Mac Nary-Haugen a vu le jour.

Comme le président Coolidge y opposa son « veto », il n'y a pas lieu de trop s'étendre à son sujet. Il faut cependant rappeler qu'il devait venir en aide aux producteurs de blé, de maïs, de coton, de riz, de tabac et aux éleveurs de porcs. Le *Farm board*, ce qui équivaut au ministère de l'agriculture, achèterait 1 dollar 50, soit 37 fr. 75 ce que le marché mondial ne cotait qu'un dollar (25 fr.) et revendrait, à perte, une partie à l'exportation et une partie à la consommation intérieure. Cela équivalait à grever le budget de l'Etat de plusieurs milliards de francs et encourageait cette monoculture intensive qui est une des plaies du système économique des Etats-Unis, en augmentant la production et en favorisant des catégories arbitrairement choisies de producteurs. Le veto du président Coolidge enterra le Mac Nary-Haugen Bill, mais n'enterra pas le problème. Avec la question religieuse qui divisa l'Amérique en partisans du catholique Smith et du protestant Hoover, on peut dire que la question du *farm relief* et celle des tarifs protecteurs réclamés par l'industrie dominèrent la campagne présidentielle.

Quelque confiance qu'il pût avoir dans la véhémence avec laquelle les révérends méthodistes dénonceraient le danger d'une mainmise du Vatican sur la patrie des pèlerins du *Mayflower* si le gouverneur de l'Etat de New-York était élu, M. Hoover ne pouvait limiter à cet épouvantail le programme de sa candidature républicaine. Sur les conseils persuasifs de M. Borah, qui devait récemment lui fausser compagnie, il promit qu'un de ses premiers soins serait de réunir une session extraordinaire et qui tenterait de donner satisfaction tant aux agriculteurs qu'aux industriels.

Cette session a été convoquée le 15 avril, suivant la promesse faite. Deux projets ont été déposés, l'un à la Chambre et l'autre au Sénat. Le premier, qui prévoit un nombre respectable de millions de dollars de secours aux fermiers, a l'approbation de M. Hoover, privilège dont ne jouit pas le second. Ce dernier, qui reprend, sous une autre forme et sous le nom de *Debenture plan,* le projet Mac Nary-Haugen, a été voté par le Sénat par 47 voix contre 44 en première lecture et 54 contre 33 en seconde lecture, mais la Chambre l'a rejeté le 17 mai par 249 voix contre 119. C'est la lutte entre les deux Assemblées et, au Sénat, un mystérieux marchandage entre l'Ouest agricole et l'Est industriel, marchandage dont la Chambre a déjà vu les effets lors du vote des nouveaux tarifs qui ont frappé à l'aveuglette tout, jusqu'à l'innocent *curry* des Indes jalousé par les fabricants de *pickles*. Les députés se sont rués à l'assaut de nos champignons en conserve, de nos truffes, de nos noix, de nos pipes de bruyère, de nos cerises, de nos boutons d'agate, de nos gants, de nos fleurs artificielles et de quelques autres produits, en respectant cependant, ceci soit dit à leur décharge, nos huiles d'olive, notre parfumerie, nos papiers à cigarettes, notre joaillerie, nos chaussures de satin, notre coutellerie, nos sardines et nos œuvres d'art.

Tout cela n'est d'ailleurs qu'un travail de premier jet, que le Sénat revisera et qui pourrait bien rentrer à l'automne dans le néant sur un simple veto du président Hoover (1). La majorité gouvernementale, qui était au Sénat de 54 républicains contre 42 démocrates, s'est trouvée renversée, comme on vient de le voir, lors du vote du *Debenture plan*. Les *insurgents* du parti Hoover ont passé dans le camp ennemi et on peut comprendre que la question de parti se soit estompée devant la gravité d'une situation qu'un seul chiffre suffit à mettre en évidence.

Les entrepôts américains ont actuellement en magasins 350 millions de bushels de blé, surplus invendu de la dernière récolte auxquels menacent de s'ajouter 350 autres millions de la prochaine récolte, soit au total 700 millions. L'on voit la masse formidable que représente ce stock que personne ne peut acheter au prix qu'en demandent les fermiers américains.

Le seul marché possible, qui était la Chine, est fermé, et de bons esprits ne sont pas loin d'y voir une conséquence inattendue d'une certaine politique extrême-orientale qui fut en faveur à Washington.

Cette rapide et forcément sommaire esquisse de la situation intérieure des Etats-Unis permet de comprendre pourquoi M. Hoover avait quelques rides soucieuses quand il nous reçut mardi dernier à la Maison-Blanche. Sa présidence commence sous un ciel lourd et devant un horizon orageux.

(1) Ceci a été écrit en mai 1929. Les tarifs ont été votés en juin 1930.

MEMORIAL DAY

Washington.

Il y a comme un symbole de l'optimisme américain dans ce choix d'une date estivale pour célébrer les morts, au lieu de notre lugubre Toussaint voilée de brumes. Les oiseaux chantent dans les cimetières qui sont ici, à Washington, et sans doute également ailleurs, d'immenses parcs aux allées ombragées de grands arbres. N'étaient les monuments funéraires édifiés sans symétrie égalitaire de-ci de-là dans les pelouses et les bosquets, on se croirait dans quelque jardin légué à la ville par un milliardaire. Aux portes, les marchands et marchandes vendent d'éclatantes pivoines, de longues tulipes, des roses et des iris qui font contraste, dans notre pensée, avec les tristes chrysanthèmes étiques qu'on trouve aux abords de nos nécropoles quand vient le 1er novembre. Des parcs d'autos s'organisent le long des larges avenues, les « spécial », vastes autobus renflés comme des berlines, déversent leurs contingents de pèlerins chargés de gerbes. La chaleur a fait pendre les vestes au creux des avant-bras et les chapeaux de paille se relèvent pour aérer les fronts. L'hommage floral rendu à ceux que l'on a perdus, l'on s'assied sur l'herbe et l'on remercie le créateur des beaux jours qu'il laisse aux vivants.

La grande guerre a donné au Memorial Day un caractère national qu'il n'avait peut-être pas aussi intensément auparavant. La lutte fratricide du Nord contre le Sud avait été malgré tout une affaire intérieure, si douloureuse fut-elle, le prix dont la nation avait payé son unité. Il faut mesurer ici la formidable distance, plus spirituelle encore que kilométrique, qui sépare l'Amérique de l'Europe, pour comprendre l'extraordinaire effort mental demandé par le président Wilson à son peuple, afin de le convaincre de la nécessité d'entrer dans la guerre européenne. Ceux qui sont tombés sur la Marne, dans les Hauts de Meuse, en Argonne sont, aux yeux de ceux qui les pleurent, les chevaliers d'un idéal beaucoup plus que les victimes de la folie meurtrière qui s'empare à certains moments de la pauvre humanité. Ils honorent les Etats-Unis.

A eux encore plus qu'aux héros de la guerre de Sécession s'appliquent les paroles de Lincoln : « Ces morts honorés nous invitent à une plus grande dévotion à la cause pour laquelle ils ont manifesté la dévotion suprême. »

A Washington une avenue triomphale, indéfiniment longue comme le peuvent être les avenues américaines, a été bordée d'arbres dont chacun est dédié à un mort de la guerre. Son nom figure sur une petite borne de pierre blanche. Deux jours avant le Memorial Day, tous les boys-scouts de la capitale ont été mobilisés et ont commencé de planter, derrière chacune de ces pierres commémoratives, un petit drapeau étoilé. Ils ont piqué, devant, l'un de ces coquelicots des Flandres que l'on vend au profit des œuvres d'assistance.

De là ils se sont transportés au cimetière militaire d'Arlington et, aidés par les éclaireuses en uniforme gris de cendre, ont poursuivi leur pavoisement. Les ravages de la guerre n'ont plus permis le choix désordonné des ombrages du dernier sommeil. Ici, comme dans la pauvre Europe décimée, les stèles s'alignent au cordeau, à perte de vue, comme dans une parade suprême. La brise agite les milliers de petits drapeaux parmi les pierres trop blanches, tandis que des camions remportent les piles de cartonnages vides et que

« louveteaux » et « petites ailes » rajustent leurs fou lards bigarrés et se regroupent en escouades.

Le président des Etats-Unis a coutume, le Memoria Day, de prononcer un discours de circonstance dan le grand amphithéâtre de marbre blanc qui domine l nécropole d'Arlington. L'oraison de M. Hoover fut un noble page d'idéalisme politique où il manifesta « l'es poir que l'avenir ne récolterait plus ces terribles fruit des erreurs humaines qui tachèrent de sang tant d chapitres de l'histoire » et où il parla du pacte Kellog Briand comme « une émanation des aspirations qu font battre le cœur de toutes les femmes et de tous le hommes à travers le monde ».

Le caractère démocratique autant que la magnifiqu jeunesse des Etats-Unis ne me sont jamais apparu de façon plus évidente qu'à cette cérémonie d'Arling ton. Tandis qu'en dehors de l'amphithéâtre les fa milles qui n'avaient point de carte d'entrée s'allon geaient dans l'herbe avec le sans-façon des visiteur dominicaux du Bois de Vincennes, les invités occu paient loges et gradins, certains « tombant la veste » comme nos Provençaux aux arènes de Nîmes, d'autres continuant de mâchonner leur cigare ou lançant vers le ciel bleu les volutes parfumés de leurs *Lucky strike* ou de leurs *Chesterfield*.

Le service de placement était assuré par de fantastiques « ouvreuses » du grand monde, portant bicorne écarlate à plumes d'autruche blanches, drapées dans des mantelets de soie vermillon, à décourager de jalousie les cacatoes du *patio* de l'Union sud-américaine.

Ces « déguisées » ont été pendant la guerre des infirmières admirables, d'un dévouement et d'une modestie que nous n'avons pas oubliés, mais, de retour aux Etats-Unis, elles se sont trouvées reprises par l'innocent besoin de parade, par cette sorte de daltonisme du Nouveau-Monde qui ne réagit plus aux couleurs et qui permet aux étalagistes de New-York d'exposer, sans craindre l'envol de pavés vers leur devanture, des chemises d'homme vert-pomme cravatées de bleu pastel ou d'un rouge qui clouerait sur place les taureaux de Miura.

Quand le président eut fait son entrée et se fut assis entre deux vétérans de la guerre civile coiffés de l'historique feutre noir aux torsades et glands d'or fané, les drapeaux apparurent en haut de l'amphithéâtre. Comme certains étaient trop lourds pour les vieillards qui en avaient la garde, une solide gaillarde, femme ou fille du porte-drapeau qui lui donnait le bras, l'avait mis sur son épaule plus robuste. Cela était familial, peu protocolaire, et aussi significatif qu'émouvant.

Les cinématographistes et photographes, à cheval sur la balustrade semi-circulaire du cintre, plongeaient leurs objectifs vers la tribune présidentielle, se redressaient, couraient, avec leurs boîtes aux longues pattes, en quête d'un autre point de vue. Des mamans emmenaient vers les bosquets du dehors, mais quelquefois trop tard pour leurs jupes de foulard transformées en partiels maillots de bain, des bébés ne supportant pas les trop durables émotions, des gens entraient et sortaient tandis qu'une dame en robe jaune chantait, sur un air d'une tendre mélancolie, une berceuse des morts et que des familles nègres, la bouche ouverte comme des grenades mûres, les mains jointes sur les genoux, jouissaient de l'honneur d'être admises parmi tant de blancheurs, marmoréennes et vivantes.

Le soleil défiait évidemment toute tentative de recueillement assombri et le 30 mai 1929, entre une et trois heures de l'après-midi, il fut particulièrement généreux en rayons de toutes dénominations.

Un aumônier militaire dit les prières et donna la bénédiction finale à une assemblée qui ne me parut pas correspondre numériquement à l'importance de la capitale des Etats-Unis, mais il fallait vouloir soigner des rhumatismes pour supporter sans broncher ce glorieux bain de lumière.

Je m'en fus philosopher, loin des hauts parleurs et

des drapeaux, au cimetière de Rock Creek devant le monument qu'Augustus Saint-Gaudens éleva sur la tombe de M. et de Mme Henry Adams.

L'on m'avait conté sur cette œuvre, l'une des plus remarquables de la sculpture contemporaine, une bien curieuse et émouvante histoire. M. Henry Adams était un homme puissamment riche et sa femme était fort jolie. Elle se suicida. Etait-elle la victime de l'américanisme conjugal, cette dissociation des existences, celle de l'homme se passant à gagner de l'argent qu'il donne généreusement à une épouse qui le dépense et doit se considérer comme satisfaite par un carnet de chèques inépuisable?

Femme irréprochable, la mort fut-elle la seule solution qu'elle put entrevoir à sa déception? M. Henry Adams conçut de cette disparition une immense douleur. Il commanda à Saint-Gaudens la statue funéraire dont il indiqua le symbole avec prière de garder le secret à son sujet. Le sculpteur a représenté, en un bronze rugueux, une femme assise, drapée dans un large suaire, les doigts de la main droite effleurant le menton dans une attitude de méditation. Il n'y a aucune inscription. Rien ne révèle qu'Henry Adams est venu rejoindre, sous la dalle de granit rose, la désespérée. Je me suis assis sur le banc de pierre qui fait face au monument et j'ai, comme bien d'autres, cherché à percer le secret de cette attitude et de ce visage au regard tourné vers la terre. M. J. R. Hildebrand, qui semble tenir son information de bonne source, déclare que Saint-Gaudens a voulu poser la question de la résurrection mais en s'interdisant d'y répondre. Etait-ce cela qu'Henry Adams avait demandé?

Avec le symbolisme des œuvres d'art, il ne faut pas être trop exigeant et les titres se trouvent quelquefois postérieurement. Je n'ai donc pas mis mon imagination à une trop longue épreuve et j'ai profité de cette apaisante solitude pour classer des impressions sur le Memorial Day. Il m'est apparu que les Américains ne onçoivent point de vains sacrifices et que la mort même doit, spirituellement, porter ses fruits. Le président Hoover a clairement exprimé les sentiments de on peuple en formulant des espérances du désarmement, en avouant que l'Amérique elle-même devait reviser son programme naval pour manifester sa bonne oi. L'Amérique n'a d'autre aspiration que la joie de ivre et son idéalisme sincère n'est tempéré que par la echerche du plaisir. Elle voudrait concilier, sans se rop l'avouer, la fidélité aux principes des puritains vec la plus molle doctrine d'Epicure. Tout ce qui est e nature à troubler ce programme lui est odieux et 'est sa propre paix qu'elle envisage en souhaitant elle des autres.

Elle ne cherche pas à percer le mystère de l'image rapée d'Augustus Saint-Gaudens, elle ne se laisse pas ypnotiser par l'éternelle énigme de la destinée. Elle ourit au printemps ensoleillé.

LE CULTE DU PASSÉ

Richmond.

La salle médiévale du Musée métropolitain de New-York, formée en majeure partie par la collection William Henry Riggs, expose en son centre, sur un cheval noir, aussi beau d'allure que celui du Colleoni, l'armure sombre, damasquinée d'or, de Jacques Galiot de Genouilhac, gentilhomme français, qui ne périt ni dans un combat ni dans un tournoi, car son existence commença en 1465, avant la découverte de l'Amérique, et se termina en 1546.

Si nous éprouvons parfois un petit serrement de cœur en lisant qu'à telle ou telle vente les amateurs transatlantiques se sont rendus acquéreurs de quelques-uns de nos trésors artistiques, il faut nous en consoler en pensant d'une part qu'il nous en reste une appréciable quantité, et d'autre part que cette émigration sert une bonne cause, celle des liens qui doivent unir l'Europe et l'Amérique et faire souvenir cette dernière des origines de sa culture.

Dans ce même Metropolitan Museum, on a reconstitué, grâce à M. Pierpont Morgan, trois délicieuses petites pièces, avec leurs fines boiseries, leurs soieries de tenture et leurs meubles, de l'hôtel Gaulin à Dijon, parfait spécimen de l'art français du milieu du dix-huitième siècle. Les décorations d'Hubert Robert pour le château de Bagatelle sont également ici, comme d'autres chefs-d'œuvre de nos maîtres artistes et artisans. Tout cela est exposé avec un goût si sûr et si espectueux, avec un souci didactique si intelligent, ue l'on ne peut que s'en féliciter. C'est la meilleure es propagandes, plus fructueuse que l'exportation des lucubrations cubistes ou simultanéistes. S'il est vrai ue les Américains, comme tout peuple jeune — mais s vieux n'ont pas échappé à la contagion, — ont soif e nouveauté et ne veulent à aucun prix paraître en etard, j'ai été frappé par la sagesse des devantures e marchands de tableaux new-yorkais. Le beau navire toutes voiles dehors qui s'élance sur une mer houeuse, les grands arbres cuivrés par le soleil couchant, a jeune fille dont une ombrelle colorée irise la raieuse carnation ont gardé un privilège de vitrine que eur ont ravi chez nous les maisons lépreuses à la erspective de guingois, les paquets de raclures de alette au milieu de plats de sulfate de cuivre et les cœurantes anatomies de filles de barrière réduites à a mendicité par la flétrissure de l'âge.

Tout au plus un disciple yankee d'Utrillo expose-t-il, ans Fifth Avenue, un square new-yorkais bordé de ratte-ciel d'un pinceau aussi sec que celui d'un aquaelliste débutant, mais les réflexions des passants ne ont pas dominées par l'enthousiasme.

Il y a foule par contre devant la librairie Dutton our contempler un choix de reliques napoléoniennes ont le manuscrit du petit roman que Bonaparte composa quand il avait dix-sept ans. Le plébéien corse deenu empereur des Français et maître temporaire du monde est, en dehors même de son universel prestige, n type d'homme fait pour séduire un peuple où tout ireur de bottes a, comme l'on dit, « un bâton de maéchal dans sa giberne » et où les rois de ceci ou de ela ont commencé bien souvent par vendre des jouraux ou des cigarettes.

Les Américains sont de fervents collectionneurs de souvenirs » non par gloriole, mais par dévotion. S'ils ont fiers de leur unité nationale, du miracle qui a ondu dans le creuset d'un labeur productif presque toutes les races de la planète en un type de mentalité standardisée, ils tiennent aux lettres de noblesse de leurs origines respectives. Leur rêve serait de transporter ici les humbles demeures ancestrales, y compris la terre sur laquelle elles furent bâties, pour les entourer de fleurs et de soins, comme le fils qui a réussi à la ville fait venir de leur village les vieux parents pour le plaisir de leur donner un peu de luxe. J'ai été convié à Richmond, en Virginie, par quelqu'un, M. Alexander W. Weddell, ancien consul des Etats-Unis en Grèce et au Mexique, qui a réalisé l'un de ces tours de force. Il a acheté en Angleterre, fait numéroter pierre par pierre, photographier, démolir, transporter et réédifier ici, devant un admirable paysage, le prieuré de l'ordre du Saint-Sépulcre à Warwick, Wormleighton, vieille demeure construite en 1125, propriété ultérieure des Spencer, honorée de la visite de la reine Elisabeth en 1572.

« Cela, m'a dit cet amoureux du passé, a représenté une cargaison de 3.000 tonnes, les pierres étant groupées par caisses dans un emballage de copeaux et de chiffons, et cela m'a coûté, si je me souviens bien, une trentaine de milliers de dollars (soit quelque chose comme 750.000 fr.) — M. Weddell répondait à ma question et ne tirait nulle gloire de ce chiffre impressionnant. — Ce qui restait du prieuré de Warwick était, de toute façon, voué à la pioche des démolisseurs et c'est tout à fait par hasard, lors d'un séjour en Angleterre, qu'une annonce de journal m'en a averti. J'ai acheté le tout, non pour ravir à l'Angleterre une de ses reliques mais au contraire pour la sauver. »

Il faut se rendre compte en effet du respect dont on entoure ici la moindre bicoque ayant un lien quelconque avec un passé dont l'extrême limite ne peut pas dépasser quatre siècles, pour comprendre la stupéfaction attristée d'un Américain devant le sans-façon avec lequel les Européens traitent les témoins de leur histoire.

Le prieuré de Warwick, ou du moins ce qu'il en restait, étant de dimension trop restreinte pour servir d'habitation à un millionnaire jaloux de ses aises, comme tout le monde en Amérique, d'ailleurs, M. Weddell y a fait ajouter une copie de Sulgrave Manor, la demeure anglaise des ancêtres de George Washington. Cette adjonction, un peu hérétique, historiquement parlant, ne nuit cependant pas à l'harmonie d'un ensemble qui représente un louable effort de reconstitution.

M. et Mme Weddell, n'ayant pas d'enfants, ont donné, en s'en réservant l'usufruit, le prieuré de Warwick, aujourd'hui Virginia house, à la Société historique de la Virginie qui y installera son musée et y organisera des expositions. L'une d'entre elles a déjà eu lieu et notre ambassadeur, M. Claudel, a obtenu pour elle le prêt, par le musée de Versailles, d'un portrait de l'amiral de Grasse. On en exécute actuellement une copie avant de le renvoyer.

En mentionnant de Grasse, il faut dire à ceux qui, en France, croient que l'évocation des noms de La Fayette, de Rochambeau et des autres Français qui contribuèrent à l'indépendance des Etats-Unis est devenue un poncif qu'aucun orateur, même de banquet alcoolisé, n'oserait plus utiliser, que leur scepticisme est sans fondement. Vous toucherez plus sûrement le cœur d'un Américain par ces souvenirs que par une démonstration sur les difficultés du Trésor français et la question des réparations.

La Fayette, Rochambeau, de Grasse ne sont pas des étrangers qui vinrent et repartirent. Ils ont leur place éminente dans le Panthéon américain. Ce sont de grands ancêtres dont l'image est partout.

Nulle part cela n'est plus sensible qu'à Mount Vernon, l'ancienne propriété de Washington en Virginie, à quelques kilomètres de la capitale, propriété qu'une association de dames patriotes, fondée en 1856, put acheter en 1858 pour la transformer en lieu de pèlerinage national.

Tous les jours, des centaines d'automobiles, le petit train d'intérêt local et même un service aérien amènent à Mount Vernon des bataillons d'Américains, et, comme dans presque chaque pièce de ce musée la collaboration française à l'œuvre libératrice de Washington se trouve évoquée, cette leçon d'histoire se perpétue.

Dès l'antichambre, une petite vitrine attire l'attention. Elle contient la clef authentique de la Bastille, une clef de bronze dont la poignée a la forme et l'épaisseur d'un bouton de porte. Ce fut un cadeau de La Fayette envoyé par l'entremise de Thomas Paine, alors ambassadeur à Londres. La lettre de Paine accompagnant ce présent, en date du 1er mai 1790, voit dans la prise de la Bastille « le premier fruit des principes américains transplantés en France » (*sic*). Les Américains d'aujourd'hui doivent éprouver quelque fierté en pensant que nous leur devons en quelque mesure la Déclaration des droits de l'homme, charte de nos libertés... et nous en aimer davantage. Il est piquant de voir, dans le parloir voisin, un tapis des Gobelins offert au général par Louis XVI qui n'avait pas prévu le choc en retour des « principes américains », pas plus que ceux qui favorisèrent le transit par l'Allemagne de certains Russes n'avaient prévu ce qu'il en adviendrait. Voici, dans la salle à manger familiale, la reproduction du service de table offert par les officiers de la flotte française à Mme Washington; dans la salle de banquets, un modèle de la Bastille sculpté dans une pierre de la fameuse prison et des chiens formant chenets offerts par La Fayette; dans le salon, un portrait, également présent de La Fayette; dans la bibliothèque, une collection de livres français de voyages donnée par Rochambeau. Dans la chambre à coucher, celle où mourut le 14 décembre 1799 l'illustre homme d'Etat, on montre la toilette, hommage du premier ambassadeur de France aux Etats-Unis. L'une des chambres d'amis du premier étage porte le nom de La Fayette, en souvenir de son séjour à Mount Vernon, et tout le monde sait que les plus beaux portraits en buste ou en pied de Washington, comme celui en particulier qui orne la rotonde du Capitole de Richmond, sont dus au ciseau de Houdon.

L'équivalent de cette intime collaboration et des résultats qu'elle produisit n'existe dans l'histoire d'aucun pays, et c'est pourquoi la France garde et gardera longtemps ici une situation morale privilégiée que nous aurions tort de sous-estimer.

Le peuple américain est d'autant moins près d'oublier qu'il commence à peine de s'instruire de son histoire. C'est le rude travailleur qui a dû d'abord lutter pour meubler sa maison avant de songer à en orner les murs. La richesse lui donnera maintenant le loisir de rendre visite aux antiquaires et aux généalogistes.

Le courrier de notre Société d'histoire du protestantisme français voit grossir le nombre de demandes américaines de renseignements sur des familles qui émigrèrent après la révocation de l'Edit de Nantes. On renoue le fil avec le passé et l'on nous accueille, nous qui venons de France, comme nous accueillerions l'oncle l'Amérique, mais dans un plan différent. Le fabuleux gentleman dont nous rêvons parfois a ce qui nous manque : l'or; mais nous avons, nous, ce dont on mesure ici l'infinie valeur : des traditions, une culture et une histoire millénaires, fortune que l'on nous envie et dont on recherche une parcelle légitime d'héritage.

A LA NOUVELLE-ORLÉANS

Dans le couloir de marbre de la Maison de ville, le chef d'orchestre de l'orphéon municipal, le bâton levé, attend. Des messieurs, en *Palm Beach suit* d'éclatante blancheur, se groupent dans le salon d'honneur pavoisé des drapeaux de neuf nations européennes et décoré de tropicales plantes vertes. Un pas redoublé éclate en tonnerre. La délégation des journalistes du vieux monde, conviés par la fondation Carnegie pour la paix internationale à visiter l'Amérique, fait son entrée.

Dans les Etats du Nord l'accueil avait eu la digne raideur anglo-saxonne, cette cordialité profonde mais qui éprouve quelque gêne à se manifester. Ici les vieilles traditions latines, l'exubérance franco-espagnole, sont les plus fortes. Malgré l'union, le Sud n'a pas oublié son autonomie d'autrefois et, bien que Washington ait été judicieusement placée à cheval sur l'ancienne frontière comme un perpétuel symbole, la Louisiane a les tendances frondeuses des Bouches-du-Rhône à l'égard des *genses* de la Seine. La Nouvelle-Orléans est le second port, après New-York, des Etats-Unis. On ne serait pas en Amérique si l'on n'avait pas ici le désir frénétique d'occuper la première place. Tous les efforts sont tendus vers ce but. On spécule sur la rivalité entre Chicago et New-York qui, elles aussi, se disputent une première place financière; on escompte que Chicago, pour ne pas envoyer son or aux banques de Manhattan, détournera vers le Sud, par le canal qui rejoindra le Mississipi, ses immenses stocks de céréales et de bétail et que les statistiques révéleront un beau matin que, par les sept milles de docks du grand fleuve méridional, seront sorties plus de marchandises vers l'Europe et l'Amérique du Sud que par ceux de l'Hudson.

On n'est cependant pas sans inquiétude, pour la réalisation de ce beau rêve, sur les effets que le protectionnisme électoral du Congrès peut avoir sur le marché mondial. Ces primes renforcées à toutes les industries sans distinction risquent d'indisposer l'étranger et d'amener, par représailles, une grève des acheteurs ou une élévation correspondante des tarifs douaniers. On redoute que l'Europe ne s'avise d'instituer, elle aussi, des lois contre le *dumping;* qu'elle n'exige une parité dans les prix de vente sur place et à l'exportation ; qu'elle n'imagine, à l'instar de la douane américaine, de ces chicanes en apparence anodines, mais qui ruinent un commerce par l'élévation des frais généraux, comme le timbrage ou le mode d'emballage des objets.

Quand les producteurs de pommes de Californie devront timbrer leurs fruits un à un de la mention : *grown in California,* au lieu de les déverser en vrac dans des bateaux-glacières, quand il faudra entourer de papier de soie et nouer d'une faveur rose ce qui s'expédiait en paquets de douze douzaines dans une simple toile d'emballage, les bénéfices seront rongés par cette manutention préalable onéreuse.

L'Europe, jusqu'ici, a limité son action à des protestations diplomatiques d'une discrète courtoisie, mais le jour peut venir où, ayant à faire face à une menace américaine, elle emploiera des méthodes américaines : ce jour-là sera grave pour un pays comme l'Amérique où la surproduction industrielle exige d'immenses débouchés.

On fonde ici quelque espoir sur la sagesse de la commission du Sénat et du Sénat lui-même pour reviser les extravagances des représentants qui n'ont songé qu'à leurs circonscriptions. Si la Chambre haute refuse les majorations de droits votées, les députés n'en garderont pas moins le prestige local d'avoir défendu les intérêts des détenteurs de bulletins de vote et pourront se retrancher derrière la mauvaise volonté des pères conscrits. Le calice des responsabilités est de ceux que l'on tend le plus volontiers à la soif d'autrui.

Les diverses étapes de la question des tarifs la conduiront, avec les vacances parlementaires, jusqu'au mois de décembre. On en reparlera d'ici là.

Pour un Français, la Nouvelle-Orléans a l'intense attrait des souvenirs. Jusqu'au 20 décembre 1803, notre drapeau a flotté sur ses édifices, et, jusque dans ces dernières années, l'enseignement de notre langue était obligatoire dans les écoles primaires de la Louisiane. Il n'est plus que facultatif, mais avec une entière liberté laissée aux institutions françaises d'entretenir des professeurs où bon leur semble. Nous sommes aidés dans cette tâche par un clergé catholique très actif où l'élément d'origine française ou de recrutement français est important. J'ai passé quelques heures charmantes avec un curé, Normand comme moi, établi depuis vingt-six années à la Nouvelle-Orléans et n'étant revenu que deux fois en France dans l'intervalle. Son accent caennais s'est à peine teinté de la couleur nasillarde transatlantique, et Clément Vautel eût pris plaisir à entendre parler ce citoyen américain qui a abandonné la désuète soutane pour le haut gilet anglican, a 100.000 francs par an, roule dans son auto, ne craint point l'argot des tranchées ou des boulevards et écoute, avec une indulgence fraternelle et des protestations qui se fondent en un sourire, les propos scandaleux du riche paroissien qui remplit son verre d'un « calvados » prohibé.

Des confidences de cet excellent homme comme de celles que je devais recueillir auprès d'autres Franco-Américains qui ont conservé le sens critique ancestral, il appert que les Etats-Unis traversent une crise qui n'est pas sans danger pour leur avenir.

Le développement du machinisme, qui supprime de plus en plus l'artisanat et l'effort individuel, la rapidité des fortunes, — qu'il s'agisse d'une blonde demoiselle de magasin devenue *star* d'Hollywood en quelques mois ou d'un saute-ruisseau de banque, heureux spéculateur à Wall Street, — ont créé une phobie du labeur. On veut jouir de la vie immédiatement.

On se laisse hypnotiser par le « Sésame » des diplômes qui doivent automatiquement ouvrir toutes les portes y compris celles de la richesse.

Les Américains, dans la fièvre de leur croissance inattendue, dans cette ruée vers l'or qui, en quelques mois, pouvait faire d'un pauvre émigrant un millionnaire, avaient fatalement négligé l'éducation. Ils se sont aperçus qu'elle était l'armature du vieux monde et veulent rattraper le temps perdu. De somptueux et innombrables palais didactiques sont sortis de terre, les instituts de tout genre pullulent, mais le produit académique est de qualité discutable, le goût du confort et du plaisir sévissant parmi les étudiants comme dans le reste de la population. Ces gradués de toutes sciences ont souvent plus de valeur statistique que de valeur réelle. Ce sont des savants hâtifs qui ont des exigences.

On compte ici sur la chance plus que sur la patience. On ne se fixe nulle part, on déménage aussi aisément que Mark Twain avec sa boîte de cigares sous le bras pour tout bagage. On ne se donne pas la peine d'économiser, car le lendemain doit toujours apporter davantage. On achète sans compter, à tempérament, et l'on gâche, comme si cela était une preuve de force économique.

Nos ménagères ouvriraient de grands yeux à voir disparaître, pour être jetées, la viande du pot-au-feu ou la chaussette qui a un trou. Repriser, recoudre, utiliser des restes sont des besognes qu'on n'avoue pas. La jeune fille américaine ignore ce qu'est la tenue d'une maison. Le restaurant a des prix abordables — quoiqu'une tranche de melon, une omelette, un gâteau et une tasse de café représentant une addition d'une vingtaine de francs — la dispense d'y songer. Les parcs sportifs, les confiseries où ses amoureux la gorgent d'*ice cream* et de sucreries, les *movies* où sur l'écran passent d'invraisemblables histoires d'un pernicieux romanesque, les randonnées en auto et les *magazines* de littérature bon marché raccourcissent son horizon comme ses jupes qui battent toutes les audaces européennes. Elle est jolie, souvent très jolie fille, admirablement campée, souple et gracieuse. Son charme provocant qui transforme, aux heures d'affluence, les artères commerciales en immenses « plateaux » de music-hall auxquels il ne manque même pas les « *blues* » que des hauts-parleurs distillent langoureusement au-dessus de la foule, la conduit au *registrar office* qui n'est malheureusement pas loin, moralement parlant, de la chambre des divorces, l'épouse américaine étant la plus dispendieuse du monde et la plus friande de perpétuels amusements.

L'Amérique aurait besoin de quelques années de « vaches maigres » pour se discipliner et ne plus gaspiller les fruits de son étourdissante activité. On lui pardonne ses excès d'aujourd'hui parce qu'elle est jeune, délicieusement jeune, débordante de candide curiosité et de bonne volonté et qu'elle fait son éducation de grande puissance. Elle ne comprend encore que partiellement les responsabilités que lui crée sa fortune, mais c'est le pays du bon sens, la plus précieuse des qualités mentales, et le bon sens aidé par l'expérience fera le nécessaire.

Mais voilà bien des considérations d'ordre général dans lesquelles la conversation avec mon curé chez les Américains m'a entraîné, et peu de lignes sur la Nouvelle-Orléans d'autrefois, celle dont on est si fier ici.

LA NOUVELLE-ORLÉANS D'AUTREFOIS

« Dans notre pays, me disait un Américain, ce qui a quarante ans d'existence est considéré comme vieux, ce qui date de cinquante ans comme vénérable et ce qui remonte à un siècle comme antique. » La Nouvelle-Orléans se pique, comme d'une exceptionnelle noblesse que lui envient la plupart des autres Etats, d'avoir un quartier antique plus ou moins classé « monument historique ». Il s'agit de ce qui subsiste de l'occupation française et espagnole de la Louisiane. J'avoue n'avoir pas pu me pâmer d'admiration ni même avoir senti, au premier contact visuel, le démon littéraire m'étreindre quand, par des rues un peu inquiétantes, le long de maisons sordides sur le seuil desquelles une vieille négresse ou une dame blonde en peignoir rose semblaient sourire exagérément aux passants — mais mon imagination m'a sans doute trompé, — on m'a conduit devant des reliques comme l'*old Absinthe house*, dont les guides font remonter la fondation tantôt à 1752, tantôt à 1798, mais qui se contente d'afficher elle-même la date de 1826 comme celle de sa création. La prohibition a arrêté le savant goutte à goutte, rongeur de marbre, des gentlemen créoles qui s'y retrouvaient à l'heure de l'apéritif. L'*old Absinthe house* est devenu un salon de thé, comme les demoiselles romantiques anglo-saxonnes en installent partout et en installeraient au besoin dans le temple de la Victoire aptère ou dans les catacombes, le *tea room* ayant besoin d'un cadre artistique et inattendu, favorable à l'émission de cartes postales illustrées et aux notes attendries des carnets de voyage.

L'*old Absinthe house* est une quelconque bâtisse méditerranéenne, maison d'angle à un étage entouré d'un balcon, aux barreaux sans style, avec, donnant sur la rue, quatre vastes portes cintrées. Du côté de Port-Bou ou sur la côte catalane on trouverait, à l'intérieur, des chapelets d'oignons ou de gousses d'ail pendus au plafond, des tonnelets de vin doux, des paniers de légumes et de fruits entourés de myriades de mouches et deux Provençaux débraillés en train de jouer aux cartes. Comme nous sommes en Amérique, de fins grillages interdisent l'entrée aux insectes, un parfum de bouillotte et de feuilles brunes de Ceylan flotte autour des tables proprement couvertes de petits napperons colorés et des dames élégantes beurrent des *muffins* là même où Jean Lafitte, le sympathique pirate — ils le sont tous devenus grâce à l'appui des romanciers, — tenait ses assises au début du siècle dernier. Je ne garantis pas que ces jolies Nouvelles-Orléanaises passaient leur temps à évoquer l'illustre bandit et son audacieuse apparition au bal de la Victoire en 1815 ni même à se réciter du Lafcadio Hearn, et il est plus probable qu'elles discutaient chiffons et relations ; mais le pèlerinage à l'*old Absinthe house* est une mode et une manière de rite.

Elles n'avaient peut-être pas tort d'éviter de s'émouvoir outre mesure au sujet du romantique Lafitte, tel que les petits ouvrages pour touristes le présentent, car des documents que nous a montrés M. Parsons, président de la Société historique de la Louisiane, dans sa somptueuse bibliothèque — la quatrième en importance, nous a-t-on dit, des États-Unis — il appert que Lafitte — que l'on soupçonne d'avoir été un gentilhomme français venu pour redorer son blason — était en correspondance officielle avec le lieutenant-colonel

Edwards Nicolls, qu'on lui confia le commandement d'un régiment, toutes choses qui cadrent assez mal avec l'image traditionnelle de boucanier bardé de pistolets et enterrant des caisses de doublons d'Espagne au pied de cocotiers sur des rivages désertiques. Jean Lafitte prenait son absinthe à la « vieille maison » comme d'autres hommes d'affaires déjeunent aujourd'hui chez Antoine ou chez Gallatois. Les années créent la légende.

De même valeur artistique, mais d'un intérêt évocateur plus grand est, un peu plus loin, au coin de la rue de Chartres et de la rue Saint-Louis, la maison que Nicholas Girod avait fait construire pour y recevoir Napoléon, que le capitaine Bossier et le pirate patriote Dominique You devaient, à bord de la *Séraphine*, aller délivrer à Sainte-Hélène. Il y a actuellement des chambres à louer dans cet immeuble dont une épicerie, l'épicerie Napoléon, occupe le rez-de-chaussée. Peu à peu, au fur et à mesure que les noms français se multiplient sur les devantures, qu'on note les restaurants Lousiane et Broussard, qu'on remarque le cercle privé : « Le petit salon », qu'à chaque pas quelque chose du passé — qui nous semble, en effet, antique, car l'architecture américaine a décuplé la distance en supprimant les transitions lentes qui permettaient l'évolution du style — force notre attention, le charme, dont on doutait tout d'abord, opère. Il augmente, quand l'on pénètre dans l'intérieur de ces vieilles maisons d'extérieur si peu engageant. Comme à Séville, qui en donne le plus délicieux exemple, et comme dans la plupart des pays qui craignent les rigueurs du soleil estival, les *patio* et les jardins cachés dont une fontaine entretient la fraîcheur ombragée, invitent à la douceur de vivre. La poésie, qui déjà s'enfuyait, revient. On songe aux ensorcelantes créoles, aux oiseaux des Iles, aux romances langoureuses, aux officiers à tricorne de la marine du roi bien-aimé, laissant, durant une escale, leur cœur en gage.

Et l'on approuve miss Alberta Kinsey d'avoir lancé la mode parmi les artistes de venir occuper ce quartier et d'y établir leurs ateliers. Le mystère de l'ambiance est une réalité. Le « Vieux Carré » que Jean-Baptiste Lemoyne de Bienville et Le Blond de la Tour créèrent au début du dix-huitième siècle est maintenant assuré de survivre; on continuera de jouer la comédie au « Petit-Théâtre » que fit construire Don Esteban Miro, gouverneur espagnol. Par contre, l'Opéra français, construit en 1859, par J. Gallier, a été réduit en cendres en 1919 et éprouve de grandes difficultés dans sa reconstruction, les dispositions testamentaires du donateur empêchant l'achat du terrain. Adelina Patti y apparut pour la première fois en janvier 1861, dans *le Pardon de Ploërmel,* avec un répertoire qui comprenait en outre *la Somnambule, Martha, les Huguenots, Charles VI, Lucie de Lammermoor* et *Robert le Diable.* Son frère Carlo était second violon et finit ses jours à la Nouvelle-Orléans.

Les Américains ont raison : un demi-siècle est déjà de la vieille histoire.

On en peut juger par les devantures des antiquaires qui sont aussi nombreuses qu'au faubourg Saint-Germain. Le Napoléon III et le début de la troisième République sont tout ce qu'ils ont à offrir. Les verres opalins, les bijoux aux épaisses montures, les poufs de soie à pompons, les chaises basses aux dossiers de velours, les candélabres aux pendentifs de cristal et les lampes à huile ont un décisif succès auprès des Louisianais venus de partout en pèlerinage.

Je ne sais pas l'effet que cette pauvre brocante peut faire au quatorzième étage d'un building où l'eau glacée sort d'un robinet voisin de celui de l'eau bouillante et où tout fonctionne à l'électricité ou par le canal du téléphone, mais cela n'en reste pas moins attendrissant.

Si l'on séjournait davantage ici, l'attirance magique opérerait, et tout en se cherchant un *home* dans les jardins du faubourg de Montluzin, l'on reviendrait souvent, à l'heure douce du crépuscule, dans cette vieille ville qui a gardé, en gage perpétuel, tant de cœurs de France.

DENVER

Denver, capitale du Colorado, est le Grenoble des Montagnes Rocheuses. Les agences de tourisme y sont presque aussi nombreuses que les *drugs stores,* ces étonnantes boutiques où l'on vous vend simultanément de la pharmacie, des produits de beauté et des *ice-creams* qui se ressentent d'ailleurs de cette savonneuse promiscuité.

Les vitrines tentatrices exhibent, à côté d'impressionnantes photographies de montagnes, des sébiles pleines de pierres précieuses ou semi-précieuses de toutes les couleurs, la pacotille traditionnelle des bazars helvétiques : les ours de bois sculpté et les chalets dont le toit cache un encrier et, naturellement, tout un assortiment de poupées peaux-rouges à la fabrication en grande série desquelles Nuremberg pourrait peut-être n'être pas entièrement étrangère. Denver est la capitale de Buffalo Bill et la terre d'élection des premiers pionniers du Far-West qui eussent été bien étonnés d'apprendre que leur cité — qui, en 1866, ne possédait qu'une dizaine de rues, dont les deux principales, Blake street et Laramie street, avaient constamment leur trafic suspendu par des bœufs couchés en travers de la chaussée; où l'on ne comptait, pour ses 4.000 habitants, que deux hôtels — et quels hôtels! — une banque, un théâtre, six chapelles, cinquante maisons de jeu et cent *saloons* où se débitait le tord-boyaux qui fait oublier la dure solitude aux chercheurs de fortune — deviendrait une métropole de 300.000

âmes avec des gratte-ciel de millionnaires, des parcs municipaux à rendre jalouses les capitales de la vieille Europe et quarante-huit cinémas dont l'un s'est offert le luxe de copier sa salle sur le plus pur joyau de l'art hindo-persan : le Tag Mahal d'Agra. Il ne valait peut-être pas la peine de dérober à une maharani adorée le cadre prodigieux de son dernier sommeil pour y faire gesticuler, sur un écran, des bandits en habit noir et des girls blondes dansant la gigue, mais cela c'est le procès d'Hollywood, qui n'a rien à faire ici. Denver a le droit de se payer toutes ces fantaisies et tous ces luxes, car les débuts ont été difficiles et la tâche rude. Depuis William Gilpin, le fondateur de l'Etat, et le fameux sheriff « Bob » Wilson qui galopait, avec son pistolet à la ceinture et son *bowie-knife* en poche, derrière les voleurs de chevaux et les pendait au « cotonnier de la justice » — un arbre-gibet dont personne d'ailleurs ne sait plus sous quel *sky-scraper* la souche a disparu — les conditions ont été en perpétuelle évolution. Ce qui semblait devoir n'être qu'un centre minier est aujourd'hui une riche région agricole dont des manufactures prospères sont venues compléter l'armature économique. Le Colorado, septième des Etats de l'Union dans l'ordre de la superficie, mais le trente-troisième quant à la population, car il ne compte qu'un peu plus d'un million d'habitants, est le second quant à la production de l'or, le cinquième pour le plomb, le neuvième pour le charbon, le premier pour le sucre de betterave, et tient une place fort honorable pour nombre d'autres produits.

Cela représente, avec une population aussi faible, un magnifique effort dont 168 millions de dollars déposés dans les banques sont la juste récompense.

Quand on prend le thé sur le gazon du *Cherry hills Golf Club* devant l'un des plus larges horizons frangés de neiges éternelles qui soient au monde, ou que, de la terrasse du *burg* de M. Johnson sur les rochers de Sedelia, l'on contemple la vaste plaine égayée de cultures, l'on a peine à croire que du vivant de certains d'entre nous, il y avait danger de mort à chevaucher seul dans ces parages et que les Peaux-Rouges furent autre chose que des héros de romans pour la jeunesse et des éléments d'attraction pour un cirque ambulant.

Je n'avais jusqu'à ce jour pour le colonel Cody, *alias* Buffalo Bill, qu'une admiration sportive et théâtrale. Ses cow-boys et lui-même étaient d'étonnants cavaliers et des tireurs émérites à la carabine, mais, en matière de spectacle, l'acrobatie a une telle faculté de surenchère que Guillaume Tell en personne n'apparaît plus que comme un lauréat de concours fédéral.

Il faut venir à Denver et monter, par une magnifique route en lacets, jusqu'à Pahaska Tepee, où sont le tombeau de Buffalo Bill (1846-1917) et son Memorial Museum, pour comprendre le rôle joué par cet homme dans la civilisation du Colorado.

Le Memorial Museum, qui est à une vingtaine de mètres en contrebas de la tombe du colonel Cody et de son épouse, décédée en 1921, surprend le visiteur européen qui n'est pas habitué à trouver une guinguette et un bazar dans l'ambiance émouvante de la mort. Les autos déversent par centaines les touristes et visiteurs américains qui se hâtent d'aller s'accouder au bar pour y ingurgiter des ginger ales, des grapefruit sodas, de la simili-bière sans alcool ou des glaces dans des cornets de pâte à gaufre, tandis que la jeunesse s'hypnotise devant des mocassins d'écorce, des coupe-papier souvenir et toute une bimbeloterie de bagues, broches, pendentifs, médailles du mauvais goût commun aux stations balnéaires et aux alentours de basiliques miraculeuses.

Les cartes postales illustrées timbrées authentiquement de Pahaska Tepee s'engouffrent dans les immenses boîtes de la poste fédérale, les registres se couvrent de signatures, tandis que les descendants de Buffalo Bill, concessionnaires du musée-bar-bazar, font recette à tous les comptoirs.

Le musée proprement dit se compose, en dehors de quelques armes, d'une natte scalpée de chef indien, de la sacoche postale que le jeune Cody, alors cavalier du Pony-Express, accrochait à sa selle vers 1860 pendant des chevauchées de vingt et une heures à travers les trois cents milles des plaines du Colorado, et d'autres reliques de ce genre, d'une collection iconographique d'une désarmante hideur. Toutes les chromolithographies destinées à l'affichage des tournées Buffalo Bill, les portraits idéalisés du vétéran à barbiche auréolé de son vaste feutre, les scènes guerrières reconstituées par des barbouilleurs de bonne volonté mais dépourvus de tout talent, les agrandissements photographiques de groupes où figure le héros du Far-West en plus ou moins illustre compagnie, décorent deux grandes salles.

Parmi ces photographies, j'ai remarqué celle — gigantesque — qui montre le vieillard en habit noir, donnant le bras à M. A. Sherman à l'issue du banquet de la « Showmen's League », l'Association des entrepreneurs de spectacle, en 1914. Il y a, tout à côté, une toile de dimension équivalente montrant Cody, ardent cavalier, se frayant un chemin parmi les Sioux ou les Cheyennes.

Ce rapprochement, cette mise en valeur de Buffalo Bill impresario, entr'ouvre une fenêtre sur la mentalité américaine.

Chez nous, une manière de point d'honneur, dont je n'entreprendrai pas de rechercher les fondements, interdit à celui dont quelque action d'éclat a illustré le nom d'en tirer un bénéfice commercial quelconque. Il se drape dans sa gloire et meurt de faim s'il le faut. L'Américain n'a pas de ces susceptibilités castillanes. L'argent est souhaitable, non point pour la satisfaction d'en gagner, mais parce qu'il permet de vivre. Ce n'est nullement déchoir que de paraître dans un cirque après d'homériques exploits. Ce que la valeur personnelle a acquis reste acquis. Après avoir débarrassé les plaines du Colorado des buffles qui dévastaient les premières cultures et forcé les Indiens à s'incliner devant la loi des blancs, le colonel Cody était-il condamné, sa tâche étant terminée, à solliciter une place de gardien de square? Il a exploité avec beaucoup de sens pratique le capital de réputation qu'il possédait. Il a bien fait. Aux yeux des Américains sa gloire reste intacte.

Je dois ajouter que si telle est l'opinion de la masse, la bonne société — et ce terme n'a pas de limites définies — ne pardonne pas si aisément au colonel Cody de s'être mué en *circus man*. Mais la charmante femme, une des plus distinguées que j'aie rencontrées aux Etats-Unis, qui me faisait le procès posthume de Buffalo Bill, en attribuant à la propagande touristique effrénée de Denver cette glorification un peu indécente d'un impresario, ne se rendait pas compte que l'intellectualité américaine, à laquelle elle appartient, a précisément pour caractéristique de s'européaniser, de revenir à nos traditions comme à nos préjugés. La génération émigrante et la génération constructrice les avaient abandonnés comme des *impedimenta* dans la lutte pour la vie et la richesse. « Toute fille de joie, en séchant, devient prude », assure le dicton. Tout Américain qui a fait fortune veut redevenir Européen.

Quant à la promiscuité de la tombe et de la petite maison de commerce qui nous étonne quand elle ne nous choque pas, il faut prendre en considération ce que le cimetière militaire d'Arlington et toutes les autres nécropoles américaines avaient révélé, à savoir l'angle différent sous lequel les vieux pays, les vieux peuples et les nations nouvelles envisagent le grand mystère.

Nous regardons, par l'emprise d'une civilisation séculaire, vers le passé. Eux, dont l'émigration a coupé les liens de l'histoire ancestrale, regardent vers l'avenir. Le *struggle for life* ne leur permet point de douloureusement se concentrer sur les tendresses brisées. Ceux qui disparaissent ont droit au reconnaissant et viril salut dont on honore les ouvriers de la première heure. Ils ne vous appellent pas à eux, dans un amour déchiré, mais vous incitent à poursuivre joyeusement et courageusement l'œuvre qu'ils ont entreprise.

Au centre de la tombe de Buffalo Bill s'ouvre une sorte de petit réservoir grillagé que j'avais d'abord cru destiné à recueillir les eaux de pluie. En me penchant j'ai vu que des « cents » de bronze ou de nickel en tachetaient le fond cimenté. Ce réservoir est un tronc pour l'érection d'un monument. Evidemment ma gracieuse interlocutrice du salon de Mrs. Winch ne pouvait pas ne pas être peinée dans sa sensibilité par ce cliquetis de monnaie au-dessus d'un sépulcre, mais elle ne pouvait nier qu'on ne voit cela qu'en Amérique.

Les environs de Denver, ses colonies de villes estivales dans la montagne, ses *canyons* mystérieux où les heureux de ce monde cachent, comme M. et Mme Gane, en de poétiques gentilhommières agrippées au bord du torrent, leur familial bonheur, m'ont laissé le plus radieux souvenir.

Les esprits chagrins trouveront peut-être que la génération actuelle, pour laquelle Buffalo Bill fut bien un héros, mais déjà presque légendaire, a tout de même oublié un peu vite ce qu'il en a coûté, depuis Gilpin et les travaux d'irrigation de David K. Wall, pour assurer la prospérité de Denver et que l'économie n'est point la caractéristique de l'endroit. Les rôtisseries françaises, le restaurant du « Perroquet », les *movies*, les *talkies*, les *drugs stores*, tout ce qui est occasion de dépenses regorge de clients, et les annonces lumineuses du haut des gratte-ciel vous invitent jusqu'aux heures avancées de la nuit à toutes les extravagances budgétaires.

En arrivant à Denver par la ligne du Colorado Springs comme en quittant la ville pour aller à Salt Lake City, près de la jonction des deux voies, un bâtiment en ruine a retenu mon attention. Sur l'un de ses murs que l'incendie a respecté, on peut lire encore :

The home of Jazz. Les musiciens ne s'apitoieront pas sur ce désastre et le souhaiteront même symbolique.

Puisse Denver, qui fait tant pour la joie de ses habitants et dépense des millions de dollars en universités, en écoles, ne jamais songer à reconstruire cette bâtisse!

CHEZ LES MORMONS

Le mormonisme est une puérile mystification qui a bien tourné. Son credo théologique repose sur les prétendues révélations faites par Dieu le père en personne au jeune Joseph Smith, le fils d'un humble fermier de l'Etat de Vermont. Il faut se reporter à 1830, au piétisme de l'époque, à la floraison des sectes qui apparurent au début du dix-neuvième siècle dans le christianisme anglo-saxon, pour pouvoir comprendre que les braves illettrés américains de ce temps-là aient pu accepter, comme argent comptant, les fantastiques histoires de Moroni, envoyé spécial du ciel, la fable des plaques d'or portant gravée la révélation nouvelle et cachées au sommet de la colline de Cumorah, près de Rochester, les traducteurs mystérieux Urim et Thummin, la disparition miraculeuse des plaques hiéroglyphiques — supprimant tout contrôle — et tout le reste de cette extraordinaire entreprise dont on n'aurait dû que sourire.

Joseph Smith fut-il un simple illuminé ou un merveilleux psychologue, un de ces *yankees* débrouillards que rien n'arrête dans la voie inventive, un précurseur des grands agents de publicité qui connaissent le public comme un virtuose son clavier? On ne peut, en quelques lignes, analyser minutieusement un aussi captivant mais large problème. Tout ce que l'on peut constater, c'est que cet homme, peut-être par hasard, a donné à un certain nombre de ses compatriotes un système religieux et social qui correspondait à leurs aspirations et à leurs besoins, tant matériels que spirituels.

Ses adeptes ont perfectionné une doctrine fuligineuse à ses origines, ont puisé dans l'infini réservoir des citations bibliques, de la Genèse à l'Apocalypse, toutes les justifications désirables et ont fini par faire du mormonisme ou plutôt de « l'Eglise des saints des derniers jours » — car tel est son titre — un édifice d'armature résistante.

Si l'on cherche à dégager cette doctrine du voile mystérieux dont les religions aiment à se draper, on constate que le mormonisme, au pur point de vue théologique, ne diffère des autres conceptions chrétiennes qu'en insistant sur l'antropomorphisme de la divinité créatrice — ceci sur la seule base du verset : « Dieu créa l'homme à son image » — en repoussant le fardeau du péché originel — chaque homme supporte le poids de ses péchés et non, à travers les siècles, celui d'Adam et d'Eve — et en attribuant à certaines prophéties, comme la reconstitution des douze tribus, la reconstruction de Sion (en territoire américain), le règne personnel du Christ sur la terre et la béatification immédiate des croyants, un sens plus littéral que celui qu'on a coutume d'y attacher. Pour tout le reste, le credo de Joseph Smith respecte la Sainte-Trinité, la foi dans le Sauveur, la repentance nécessaire, la rémission des péchés par le baptême et l'action du Saint-Esprit, la révélation de la Bible, livre de Dieu.

Comment ces variantes, qui ne devraient émouvoir que des docteurs en bonnet carré, ont-elles pu grouper autour d'elles plusieurs centaines de milliers d'êtres?

Il faut, croyons-nous, ne jamais perdre de vue le cadre dans lequel le prophète Joseph Smith a opéré, et les conditions d'existence de ceux auxquels il adressa son message. A ces pionniers de la nouvelle Amérique, que l'intransigeance austère du méthodisme serrait plus ou moins à la gorge en insistant sur leurs iniquités, il annonçait la réconfortante nouvelle qu'ils étaient physiquement semblables à Dieu lui-même, que la faute du premier homme ne pesait plus sur eux et qu'ils étaient appelés tant à reconstruire de leurs mains la Cité sainte qu'à jouir, de leur vivant, des privilèges réservés aux bienheureux. Cet optimisme dogmatique était de nature à séduire ce peuple d'émigrants sans culture, dépourvu de sens critique et qui, encore aujourd'hui, malgré un siècle d'éducation intensive, est demeuré d'une attendrissante crédulité. Dès l'instant qu'on n'attaquait pas la Bible, le livre d'entre les livres, mais qu'on y cherchait une interprétation plus riche de promesses que de condamnations, le nouveau commentateur était le bienvenu. S'il nous paraît excessif d'avoir recours à un arsenal de fantasmagories et à une pacotille de prestidigitateur pour donner aux Evangiles un sens plus teinté d'espérance que de pénitence, il faut croire que le sensationnel a toujours été en Amérique un élément décisif de succès et que Joseph Smith, simple ministre non-conformiste, développant ses idées libérales du haut d'une chaire dissidente, sans brandir l'épée de Laban, le papyrus égyptien, la traduction des plaques d'or (mauvaise paraphrase d'un roman de Spalding) et sans raconter la visite des anges et du délégué divin Moroni, eût disparu sans laisser de traces, comme bien d'autres modestes hérésiarques de bonne volonté.

Ne discuter le mormonisme qu'au point de vue abstrait et dogmatique n'est d'ailleurs qu'en considérer le caractère le moins essentiel. Le credo de Joseph Smith n'a été qu'un levier entre les mains du véritable créateur de la secte : Brigham Young. Il a soutenu par une espérance mystique l'effort matériel prodigieux de la découverte du lieu d'élection de la Sion messianique, de la création de Salt Lake City et de la fondation de l'Etat futur d'Utah. Devant ce que les Mormons ont réussi à accomplir dans ce domaine, il n'y a qu'à s'incliner avec un admiratif respect. Le voyage des croyants au travers des Montagnes Rocheuses et des plaines désertiques à la recherche du définitif asile est une émouvante épopée qui arrache des larmes quand on en apprend le détail. Le reste, la fantaisiste architecture de cette société polygame, le retour au régime patriarcal du temps d'Abraham, la hiérarchie apostolique et tout ce qui a constitué le régime mormon proprement dit, n'a été qu'une succession de règlements d'administration intérieure s'adaptant aux nécessités du moment, un peu comme dans la comédie de Barrie, l'*Admirable Chrichton*, les nobles naufragés se soumettent à un communisme idéal non par philosophie sociale mais sous la menace du jeûne.

Le mormonisme a dû sa célébrité mondiale beaucoup moins à son étonnante œuvre civilisatrice dans l'Ouest américain qu'à ses audaces matrimoniales et c'est à elles que l'on pense lorsque l'on parle du lac Salé. Si la vie des harems orientaux avait fourni à quelques peintres, à des romanciers et à des poètes l'occasion de brillantes fantaisies, les recluses peuplant le sérail demeuraient des êtres sans personnalité, ne pouvant fournir à l'analyse psychologique qu'un minimum d'éléments.

Par surcroît, ces Circassiennes, ces négresses et Levantines paraissaient de races inférieures, insensibles aux complications sentimentales. Les Mormons, au contraire, de commune origine européenne, semblables à nous, apportaient l'attrait de situations neuves dont la littérature autant que les imaginations individuelles sont friandes. Il ne faut rien exagérer. S'il est évidemment moins désagréable de varier ses devoirs conjugaux que de porter un cilice et de macérer dans l'abstinence, s'il est exact que Brigham Young et les autres évêques mormons, désireux de reprendre les traditions d'Abraham, ne choisirent pas systématiquement les plus laides d'entre les dévotes pour leur assurer la perpétuité céleste d'un bonheur refusé, suivant la doctrine, aux célibataires, il n'en demeure pas moins certain — et le témoignage d'Hepworth Dixon est des plus intéressants à ce sujet — que la polygamie mormonne ne fut pas la cynique consécration d'une licence qui sommeille au cœur de nombre d'hommes, mais une conception ethnographique et sociale : l'accroissement de la secte par des naissances illimitées et un moyen de gouvernement, Young surveillant lui-même la formation des foyers additionnels et n'accordant qu'à bon escient les autorisations nécessaires.

La première question que désirerait poser un Européen en arrivant à Salt Lake City est — car il n'a pas l'espoir de rencontrer dans la rue un Mormon encadré de son harem — de savoir si la polygamie est encore en vigueur. C'est un sujet qu'on éprouve cependant quelque gêne à aborder et que les habitants de cette immense ville moderne, semblable à toutes les autres métropoles américaines par ses larges boulevards, ses gratte-ciel, la profusion de ses annonces lumineuses, sa splendide université, paraissent vouloir ignorer. Je me suis pourtant risqué à en parler à un Mormon, homme d'affaires du type le plus courant, enjoué et libre d'allures, qui nous faisait visiter en autocar les environs.

« Dire que la polygamie a entièrement disparu, nous a-t-il répondu, serait matériellement inexact, mais, en principe comme en fait, c'est une chose du passé. Il y a encore, de-ci, de-là, des jeunes gens d'une ferveur particulière, attachés à la lettre de notre Eglise primitive, encouragés dans leur for intérieur par l'exemple des Young, Heber Kimball et Daniel Wells, les triumvirs de la « Première Présidence », qui croient devoir « sceller » plusieurs femmes pour leur assurer une place durable au paradis, mais ce sont des cas si rares qu'on ne saurait y attacher aucune signification. De temps à autre, peut-être tous les quatre ou cinq ans, des télégrammes des Indes britanniques mentionnent qu'une veuve est montée sur le bûcher crématoire de son époux. En doit-on conclure que cette coutume domine encore l'existence et les doctrines brahmaniques?

Non, n'est-ce pas? Il en est de même de notre fameuse polygamie. J'ai entendu parler des cas que je vous cite, mais je serais incapable de vous désigner nominalement un seul polygame de ma connaissance dans toute la ville; je n'en connais pas et, s'il en existe parmi les ancêtres encore vivants, ce doivent être d'humbles paysans retirés à la campagne, sans contact avec le monde. »

Il n'est d'ailleurs pas nécessaire d'être depuis bien longtemps à Salt Lake City pour se rendre compte que les préoccupations de son actuelle population n'ont plus rien de commun avec celles des fondateurs du siècle dernier.

Cette grande ville, dont le budget municipal approche de 3 millions de dollars, n'est plus qu'à moitié mormonne et ne voit dans l'œuvre de Young et de ses successeurs que ses bienfaits matériels et ses attraits touristiques. Les affaires industrielles, dont les formidables mines de cuivre à ciel ouvert de Brigham et les usines transformatrices du minerai sont le plus bel exemple, attirent davantage l'attention. L'Eglise mormonne conserve cependant son prestige, ne seraitce qu'au simple point de vue pratique, car elle compte parmi les plus grands propriétaires fonciers de cette région, possède un palace hôtel, un grand magasin de nouveautés et gérait jusqu'à ces dernières années le casino, établissement de bains du lac Salé. Les « Saints des derniers jours » ont leur quartier général dans un splendide immeuble du centre de la ville, immeuble administratif avec hall de marbre poli, dont une banque de premier rang se contenterait, huissiers, dactylographes, ascenseurs, téléphones, et l'évêque Charles W. Nibley, petit vieillard en redingote, avec au menton la barbiche du Yankee selon les images d'autrefois, aurait pu tout aussi bien présider aux destinées d'une compagnie de navigation. Il avait à côté de lui un autre dignitaire dont j'ai oublié le nom, septuagénaire dont la perruque n'adoucissait pas les traits ombragés pourtant d'une barbe de quinze jours et qui, tout en citant les prophètes, manquait d'onction épiscopale. La salle où nous fûmes reçus, avec ses boiseries de noyer, ses gerbes de roses ornant les tables, ses divans de cuir et ses fauteuils, semblait attendre la réunion d'un conseil d'administration pour l'audition d'un bilan favorable. Dans un pays où une seule mine de cuivre a, depuis soixante-six ans, distribué près de huit milliards de dividendes, il se crée fatalement une ambiance.

Brigham Young, comme corollaire à l'optimisme de la doctrine, avait voulu que le peuple élu eût plus que de lointaines félicités célestes. Il avait créé un théâtre et des réjouissances. Salt Lake City n'a pas abandonné cette immédiate prétention à la joie de vivre. La statistique de la National Confectioners Association a révélé ces jours-ci que l'Etat d'Utah a remporté le championnat des Etats-Unis de 1928-1929 pour la consommation des sucreries, battant le Nevada d'une livre par tête. Les *drugs stores* ont vendu 1 milliard 600.000.000 de livres de bonbons, soit 13 livres par habitant. Les dentistes et les spécialistes des maladies d'estomac ne doivent pas chômer, mais cela ne change rien au fait qu'en un siècle ce qui n'était qu'un terrifiant désert a été transformé en un pays de Chanaan par un mirage messianique auquel une farouche énergie et un magnifique effort industriel ont heureusement donné une assise matérielle.

VERS LE PACIFIQUE

Le *steward* de l'Observation-Car du Denver and Rio Grande Western Railroad Train n° 1 Scenic Limited en remontrerait aux plus loquaces camelots parisiens qui vous obligent, le long des boulevards ou aux approches de la gare Saint-Lazare, à profiter d'occasions soi-disant exceptionnelles, en cravates, chaussettes et foulards presque-soie. Ce diable d'homme, aux mèches blondes ondulées en escargot sur le front, tient un bazar qu'il doit évidemment renouveler à chaque voyage tant il est expert à en imposer l'achat à ses dociles et béats auditeurs.

Les touristes américains sont consciencieux et crédules. Ils ont l'humilité respectable de l'ignorance avouée et la volonté fervente d'apprendre. Le guide, même s'il vous vend des verres fumés, des bonbons à la menthe et des cartes postales, jouit d'un prestige presque universitaire. Il le partage, du reste, avec tout individu qui affirme savoir quelque chose. L'Américain veut s'instruire et n'en dédaigne point l'occasion. Il interroge celui qui vient de loin avec une déférente curiosité, il regarde ardemment tout ce qu'on lui montre, il écoute religieusement les explications les plus banales. Il n'y a pas de meilleur public.

Le steward du Scenic Limited, ayant douze douzaines de lunettes jaunes à écouler, commence, dès la traversée du lac Salé, une conférence sur les dangers de la réverbération des neiges éternelles. Il y a un certain Pikes Peak, géant des Montagnes Rocheuses, dont l'éclat est tel qu'un écran coloré s'impose à qui veut le regarder en face. « Pour protéger vos yeux, pour vous permettre de contempler librement le Pikes Peak quand, passé la Gorge royale, nous monterons vers les cimes, vers le col le plus haut du monde qui soit franchi par un chemin de fer, j'ai pensé vous rendre service en mettant à votre disposition des lunettes. » — Il en place d'autorité une paire entre les mains de tous les voyageurs. — « Regardez, voyez comme les nuances crues s'adoucissent; tout paraît ensoleillé sans cependant vous aveugler. » Tous les nez se sont chaussés desdites lunettes, et les interpellés scrutent avec conviction un horizon de brume où le fameux Pikes Peak se devine plus qu'il ne se distingue dans un pâle frottis de pastel. — « C'est un dollar », dit doucement le steward à la mèche dorique. Comme il serait du « genre pauvre » de retirer précipitamment les lunettes et de les rendre, on les garde; on les gardera même quand, un peu plus tard, la pluie commencera de tomber et que le Pikes Peak se sera définitivement dérobé à l'admiration de ses poursuivants. Inutile d'ajouter que lesdites lunettes sont du type courant des stations balnéaires, en celluloïd, et valent tout au plus 25 cents.

Ayant encaissé du 300 % sur ce premier article, le Mayol yankee disparaît pour réapparaître nanti d'albums de photographies qui représentent des sites merveilleux, évidemment visibles par un temps exceptionnel, mais que nul de nous ne verra, car il tombe une gentille petite pluie d'été, rafraîchissante, mais estompeuse de paysages. « Cet album restera pour vous l'éternel souvenir d'un des plus beaux voyages du monde. Ne vous préoccupez pas de son format encombrant. Je me charge de l'expédier chez vous où vous le trouverez en rentrant et serez bien heureux de le trouver. Il sera emballé, envoyé recommandé. Donnez-moi simplement votre adresse. » Il distribue les albums, n'admet pas d'indifférence olympienne, contemple ses victimes qui feuillettent, prend son temps et déclare, la main tendue: « C'est un dollar. » Comme il y aurait une manière d'abus d'avoir regardé gratuitement ces belles images où les bords des canyons sont colorés de rose et de vert tendre comme des tranches de pastèques espagnoles, les coupures blanches et noires sortent des sacs à main et des portefeuilles.

Et ce petit manège continue avec des bonbons, des cartes postales et même les 52 cartes d'un jeu de bridge ornées au verso de paysages tous différents des Rockies, article plus indiqué pour des patiences de vieilles demoiselles que pour des parties à un dollar le point.

Le steward entremêle l'exercice de son fructueux commerce d'explications panoramiques qui précipitent les curieux d'un côté à l'autre du wagon-salon. Leur petit nez retroussé se retroussant encore davantage en s'écrasant sur les vitres, les *flappers* en vacances font provision d'impressions qui se traduiront en d'interminables pages de lettres familiales.

Le steward, qui m'agace prodigieusement par son inépuisable faconde, est au fond un bienfaisant animateur, car, en Amérique, les distances sont « magnifiques », pour employer un euphémisme découvert par un Anglais poli — et l'on finirait soit par s'endormir, soit par s'ennuyer encore plus prodigieusement.

La « Gorge royale », coupée par la rivière Arkansas dans le granit des montagnes, est évidemment d'une impressionnante majesté et, dans sa partie la plus étroite, alors que la voie ferrée dispute au torrent un passage d'une dizaine de mètres entre des parois de 700 à 800 mètres de haut, on ne peut qu'admirer les surprises de la nature et l'audace des ingénieurs qui font passer des locomotives et des pullman-cars sur une sorte de balcon d'acier. Le train s'arrête là une dizaine de minutes, dans ce site merveilleusement sauvage, et les touristes descendent pour se dérouiller les jambes sur un quai de bois et chercher, vainement d'ailleurs, — mais c'était peut-être le fait de la pluie, — les étoiles qui, suivant les prospectus des agences touristiques du Colorado, apparaissent en plein jour à ceux qui, du fond de ce puits, lèvent le nez vers le firmament. Cet arrêt, loin de toute gare, donne un peu l'impression d'une de ces pannes qui amusent les voyageurs que personne n'attend, leur permettant de cueillir, sur les talus, des fleurs champêtres ayant un attrait incomparable, car les fleurs des talus de chemin de fer sont de celles que personne n'est jamais censé pouvoir cueillir, comme les edelweiss des précipices et les fougères des cascades.

Et puis l'on reprend place dans les voitures, et le train s'ébranle pour suivre, pendant des heures, les rives torrentueuses de l'Arkansas, en montant toujours plus haut vers les cimes de la Nevada.

Les Montagnes Rocheuses ont, par rapport à nos Alpes françaises ou suisses, deux défauts. Elles ont trop d'étendue et leurs lignes manquent des ciselures. C'est toujours un peu la même chose. On voudrait un Cervin, un Meije, des Dents du Midi, des aiguilles du Dru ou du Grepon pour couper cet horizon, qui ne manque certes pas de grandeur, mais a la grâce molle de gigantesques collines neigeuses. L'invisible Pikes Peak lui-même n'a, d'après ses images, qu'une suprématie barométrique.

De loin en loin une petite gare, qu'environnent un garage, un dépôt d'essence et quelques masures en bois déteint, démontre qu'on pourrait au besoin descendre et s'en aller à l'aventure, le bâton à la main et les souliers ferrés aux pieds, vers des névés immaculés et des forêts sans poteaux indicateurs. Mais le tourisme à la Tœpffer n'a pas encore séduit les Américains. L'automobile a supprimé la race des piétons. Les enfants du Nouveau-Monde dévorent les paysages en chemin de fer ou un pied sur l'accélérateur. On ne saurait leur en vouloir. Leurs vacances sont courtes et une vie ne suffirait pas pour découvrir toutes les beautés de l'Amérique si l'on devait, comme le cher *Magister scholarius*, allant avec ses quinze élèves d'un pas cadencé vers l'auberge pennine de Mme Grilliet, mettre vingt-trois jours pour rôder autour de quelques lacs parfumés.

Il y a encore de la neige aux abords du col suprême qu'il nous faut franchir avant de descendre enfin vers le sourire californien. La vue sur les profondes vallées alpestres et sur un délicieux lac de montagne est entrecoupée par des palissades et des tunnels de bois édifiés contre la neige, mais le paysage s'est élargi, s'est varié davantage, et les voyageurs somnolents se réveillent. Les imaginatifs croient déjà percevoir des effluves chauds, lourds de senteurs florales, de la côte enchantée.

Leur essor poétique est brusquement calmé par l'apparition d'un fonctionnaire conduit par le chef de train. Approchons-nous de quelque frontière administrative où la production des passeports est nécessaire? Va-t-il fouiller nos valises pour y chercher du « clair de lune », l'alcool prohibé par le dix-huitième amendement? Non. Ce fonctionnaire appartient au service de l'agriculture et doit empêcher la « mouche méditerranéenne » de pénétrer en Californie. Il examine, — pour le principe, je dois l'avouer, car il fait vite — les quelques pommes et oranges que nous avons achetées à Salt Lake City. Nous n'avons pas la mouche méditerranéenne dans nos bagages. Pourquoi cet insecte nuisible porte-t-il cette appellation d'origine, alors que nul Méditerranéen ne prétend le connaître? C'est un secret des agriculteurs américains et du service des douanes qui les défend. Il est vrai qu'il y a aussi le homard « à l'américaine »! Mais dans ce dernier cas, c'est plus flatteur. Le train descend vers la plaine, au travers d'immenses plantations qui colorent les collines de manteaux d'Arlequin. Voici des mâts de navires. Serait-ce déjà le Pacifique? Faut-il préparer le dollar de pourboire au nègre du pullmann? Ce n'est que la rivière Sacramento et la ville du même nom, qu'illustra la ruée vers l'or de 1849.

Vallajo Junction. Cette fois c'est bien de l'eau marine qui clapote sur le rivage. Des quatre-mâts sont à l'ancre dans l'immense baie que ferme au lointain une ligne bleue de hauteurs. Le nègre a sorti son petit balai épousseteur et réunit les valises dans le soufflet de communication. Des villas, toujours plus nombreuses, piquent leurs notes claires parmi les frondaisons de la montagne. Nous approchons d'Oakland. Voici l'université de Berkeley et son campanile vénitien. Les sonneries grelottent aux passages à niveau encombrés d'automobiles impatientes. Les usines, les grands immeubles se multiplient. Une bande de terre interminable. Le ferry-boat. Sur les bancs du pont supérieur, une Chinoise cligne ses petits yeux moqueurs derrière des lunettes de mandarin américain et un Japonais de trois ou quatre ans se promène, engoncé dans un veston de confection, avec des *knickerbockers* de golf qui lui retombent, bouffants, presque sur la cheville,

Dans vingt minutes, nous serons à San-Francisco.

SAN-FRANCISCO

93° Fahrenheit à l'ombre. L'asphalte des rues a des amollissements gloutons. Sur la minuscule pelouse du square de l'Union, si petite au milieu des *sky scrapers* qui l'entourent qu'elle doit, du haut du ciel, ressembler à un rond d'eau croupie au fond d'un puits, des citoyens dorment, la tête sous un journal de 48 pages. Avec un aussi beau soleil les jeunes pommes doivent « piquer un fard » décisif au premier regard du maître du jour et les fraises mûrir en un tour de cadran. Du pavillon du Yacht-Club la rade, jusqu'à la Porte-d'Or, apparaît d'un bleu réservé, par fiction optimiste, aux couvertures de *magazines* comme fond de décor à des demoiselles scandinaves. La cité géante ne paraît pas se ressentir de cet excès de bénédictions célestes. Les autos grimpent ou descendent à des vitesses de toboggan les rues en pente raide; les trams-funiculaires apparaissent et disparaissent au sommet des collines comme des wagonnets de montagnes russes; une foule internationale trottine le long des boutiques où les marchands de valises et de malles dominent, comme une invitation lancinante à faire voile vers l'Asie ou les mystères du monde austral. Les *liners* du Pacifique sont là qui vous attendent, cachés dans leur garage nautique des docks. Est-ce pour ne pas vous faire manquer le bateau qu'un restaurant affiche cette promesse d'entérite : *A plate, a minute, purely american !* Ce n'est peut-être qu'une réclame pour la rapidité cinématographique du service et le *purely american* une manifestation nationaliste contre les gargotes cosmopolites; mais cela vous donne un petit frisson, comme l'annonce d'un coup de couteau nerveux à l'heure de la digestion. Sous le porche des marchands de radio et de phonographes, des voix qui viennent on ne sait d'où gloussotent, avec des accompagnements de saxophone et de scie hawaïenne, *Doin' the New Low down* ou *When I remember every little thing...* Des marins japonais déambulent en se dandinant, s'arrêtent à toutes les vitrines, échangent quelques onomatopées gutturales, n'achètent rien et continuent leur flânerie amusée. Il y a dans l'air ce je ne sais quoi d'émoustillant, de radieux, tant de fois éprouvé sur la petite esplanade du Terminus de Marseille quand on descend, poussiéreux, du rapide de Paris et qu'on reçoit sur les deux joues, à brûle-pourpoint, le premier baiser du cordial ciel méditerranéen.

AU CAPITOLE. — « Le maire et le conseil municipal de San-Francisco recevront les journalistes européens à 11 heures. Départ de l'hôtel à 10 heures 45. »

Cette petite note, qu'on nous a remise la veille au soir, n'est *a priori* pas très *exciting*. Nous connaissons ce genre de cérémonies. D'excellentes gens qui vous broient la main droite d'une poigne d'athlète, des noms bredouillés, des silences gênés, un ou deux *speeches* d'une redondante banalité, et, pour finir, la pose, en jeu de massacres, devant d'impitoyables objectifs. *Vanitas vanitatum... Words! words!* Toutes les citations bibliques ou shakespeariennes montent aux lèvres. Il serait bien tentant d'esquiver cette corvée et de s'en aller en exploration sur le boulevard de l'Auditorium. Mais politesse oblige. Si les édiles de cette grande cité nous font l'honneur, bien exagéré, de se réunir spécialement pour nous accueillir officiellement, notre présence est un devoir.

A 11 heures nous gravissons donc l'escalier monumental du Capitole, grandiose édifice sur le modèle de notre Panthéon, traversons le hall d'honneur et pénétrons dans l'imposante salle des séances du conseil. Une centaine de personnes de mise fort modeste occupent, clairsemées, la partie réservée au public. Elles ont l'air d'être venues pour une audience de justice de paix. Les conseillers ne payent pas davantage de mine et bavardent dans l'hémicycle, de fauteuil à fauteuil, le gilet déboutonné, quand il y en a un. Nous nous installons sur deux rangs dans une sorte de box latéral semblable à celui des prévenus en cour d'assises. Le maire, un jovial quinqua ou sexagénaire, au teint empourpré d'Anglo-Saxon bon vivant, en jaquette, une rose blanche à la boutonnière, est très affairé. Il palabre à mi-voix avec des émissaires qui escaladent la tribune, consulte des papiers, fait signe à des gens de monter près de lui, tout cela dans un brouhaha familier, comme si nous n'étions pas encore là mais qu'un agent cycliste essoufflé venait d'annoncer l'apparition de notre cortège au coin de la place.

La sonnette, enfin agitée, amène le silence. Le maire, en quelques mots, explique aux conseillers et au public l'objet de cette séance exceptionnelle, San-Francisco a le privilège unique d'avoir dans ses murs — si murs il y a, car la ville n'a pas de limites — une délégation de douze journalistes étrangers représentant neuf nations européennes. C'est la première fois qu'un groupement aussi sensationnel honore le grand port du Pacifique d'une visite. Il nous demande de bien vouloir nous lever l'un après l'autre, à l'appel de notre nom, afin que tout le monde puisse nous voir et chercher probablement la différence ethnique qui existe entre un Polonais et un Grec, un Letton et un Espagnol. Cela se passe ainsi d'ailleurs dans tous les banquets américains, et, comme la même liste d'appel sert, immuable, depuis le début du voyage, nous nous levons automatiquement, avant même l'énoncé de notre origine, comme les chevaux de cirque bien dressés se mettent au pas espagnol, sur l'indicatif de la rentrée de piston, sans attendre le claquement de fouet de Monsieur Loyal.

Un petit « bravo » salue chacun de nous. Représentants de la pensée du vieux monde, détenteurs d'une puissance grandiose et redoutable sur l'opinion des masses, modernes jupiters tenant dans notre main la foudre des cataclysmes, aujourd'hui messagers de la paix internationale, nous nous sentons des personnages plus importants que nous ne l'avions jamais supposé. Le conseil municipal de San-Francisco, avec un sens politique aigu, a compris qui nous étions, notre valeur sociale, la portée de notre mission...

Mais le maire s'est à nouveau levé : « Messieurs, j'ai aussi la grande joie et le grand honneur de vous présenter un autre visiteur de notre ville, M. W... (j'ai oublié, je l'avoue, son nom). M. W... est un baryton australien de beaucoup de talent qui donnera un concert vendredi prochain, à huit heures, à l'Auditorium. J'espère que vous vous rendrez nombreux pour l'entendre et l'applaudir. Je vous présente M. W... » Et il fait lever un gros garçon d'une quarantaine d'années, aux cheveux ondulés de virtuose, qui est assis sur l'estrade présidentielle, presque à la droite immédiate du maire.

Acclamations frénétiques. Nos illusions sur notre qualité quasi-diplomatique prennent le chemin du plafond.

Suit la présentation de tous les membres du conseil municipal que nous applaudissons avec la même politesse dont ils firent preuve à notre endroit. Le maire lit ensuite un long discours plein de propositions généreuses et de larges perspectives, qui, si les mots étaient autre chose que des mots, assureraient à perpétuité le bonheur de l'humanité. Claquements de paumes nourris. Un conseiller, le cigare aux lèvres, — car la moitié de l'assistance fume, — se lève. Sa chemise rayée ballonne au-dessus d'une ceinture de pantalon qui a glissé sur la courbe fortement convexe d'un abdomen satisfait. « Je demande que le discours de « *mister* maire » soit imprimé et remis en souvenir à nos distingués visiteurs. » — Adopté à l'unanimité. (Nous ne l'avons jamais reçu.) Mais ce n'est pas fini... *Mister* maire, qui a eu un beau succès, qui a terminé sa tâche essentielle, est guilleret. Voici qu'il interpelle, aux rires de l'assistance, l'un des conseillers, réputé pour dire à merveille la chansonnette. Il nous ferait certainement plaisir en en « poussant une ». L'amateur ne se fait pas prier. Il se lève et, de son banc, en une diction psalmodiée qui me rappelle le comique écossais Harry Lauder, égrène des couplets humoristiques. — Succès fou. — Les figurants de justice de paix, dans le fond, trépignent. Ils se sont enfin amusés.

La séance est levée. Nous regagnons, après d'innombrables *shake-hands,* le péristyle. Les photographes sont là, rangés comme un peloton d'exécution. Ils organisent des mises en scène, des mains croisées symboliques, des bras dessus-bras dessous internationaux, ordonnent des sourires ou de pseudo-conversations, comme des metteurs en scène de cinéma faisant pirouetter les mannequins inexpérimentés qui doivent exhiber le peignoir à 110 francs, la robe du matin à 75 francs et le tailleur à 345 francs des grands magasins de nouveautés.

L'édilité du plus grand port du Pacifique se prête à tout cela avec une enfantine bonne grâce. Des appels fusent du public qui fait cercle : « Hullo ! Jack; Hullo ! Jimmy ! » On se reconnaît. On fraternise. Cela tient de la noce en banlieue et du comice agricole.

Nous montons enfin dans les somptueuses 40 Ch. de millionnaires mises à notre disposition et, précédés de policemen à motocyclette qui déchirent l'air de sirènes destinées à paralyser toute circulation pour livrer passage aux pompiers et aux voitures d'ambulance, nous allons déjeuner.

J'ai très mal dormi cette nuit-là, peut-être parce que,

suivant Baudelaire ou à peu près, on dort toujours mal les nuits d'été, peut-être parce que les radiateurs de l'hôtel Saint-Francis — je ne m'en suis aperçu que le lendemain matin — chauffaient à blanc, malgré la canicule; peut-être parce que l'on m'avait trop bien nourri et fait boire trop de cocktails; en tout cas, une cavalcade d'idées ahurissantes chevauchait dans ma tête.

Cette curieuse réception au Capitole me rappelait quelque chose que je n'arrivais pas à définir, et je cherchais et je cherchais...

Et tout à coup la lumière s'est faite. Je voyais le Kremlin illuminé et, dans les fauteuils de soie pourpre des Romanof, des hommes en veston. Certes, les Américains n'ont assassiné ni spolié personne. Leurs palais, ils les ont construits avec leur argent, gagné par leur labeur émérite, mais tout de même, là-bas comme ici, il y a un désaccord entre le cadre et les personnages, un mépris ou une ignorance de l'étiquette séculaire qui est peut-être un préjugé, car tout n'est que conventions, mais à laquelle notre esprit européen a été accoutumé. Les Américains, d'un bond prodigieux au-dessus de l'évolution normale et lente des peuples, ont franchi, en *patent leather shoes,* le seuil jadis réservé aux talons rouges, sans même chercher à copier les ci-devant qu'ils n'avaient jamais connus. Leur *Credo* démocratique et égalitaire les en eût d'ailleurs détournés...

Allons, allons, je suis sévère. Tournons-nous à gauche et dormons... Pourquoi ces processions viennent-elles se mêler derrière mes paupières fermées? Il y a des dames infirmières de la guerre en tricornes à plume et en capes de soie cramoisie du Directoire, des détaillants de laveuses électriques en bonnet de police blanc et vermillon avec un cœur percé d'une flèche brodé sur la chemise de *cellular,* des francs-maçons coiffés d'un fez de marchand de nougat, des jeunesses communistes couronnées d'églantines, des bataillons léninistes arborant des pancartes cubistes, toute une chienlit de carnaval. Les simples aiment la parade, le déguisement qui les sort un instant de leur ombre maussade.

Il fait trop chaud! Ces draps sont d'un poids!

Comme c'est drôle : les visiteurs de la Russie signalent l'émancipation effrayante de la jeunesse, les ravages d'une éducation qui donne à la satisfaction immédiate de tous les désirs la valeur d'un dogme social, et les observateurs conscients de l'Amérique d'aujourd'hui s'épouvantent d'une licence grandissante qui dévergonde, en *petting parties*, en *necking parties*, l'adolescence universitaire. Des *flappers* ont des gourdes de whisky, quand elles n'ont pas pire, dans leur sac à main. Auto, radio, gramophone, golf, randonnées dans la campagne, piscines, cinéma, il faut s'amuser. L'argent est la clef du plaisir.

La phrase voluptueuse d'*Amor Pagano, « Come with me... »*, traverse ma rêverie.

Par quel sortilège me conduit-elle vers un coin de ma bibliothèque, à des milliers de milles, à Paris? Il y a là la petite brochure du *Manifeste communiste* de Karl Marx et d'Engels. Les doctrinaires de la révolution sociale envisageaient, dès 1848, une action décisive des pays gagnés aux idées nouvelles sur les pays retardataires par l'inondation de produits bon marché. Ils rêvaient de l'uniformisation de la production industrielle... Alors la standardisation, le taylorisme, le fordisme, le travail à la chaîne ne seraient que la réalisation de rêves marxistes? Mais, au fait, il me semble bien qu'à Moscou on ne s'attaque qu'aux régimes du vieux monde et qu'on professe pour les Etats-Unis une admiration respectueuse que je n'avais jusqu'ici pas comprise. Au pays de Staline, faute d'argent, la discipline ouvrière s'opère à coups de chimères et de jeûnes forcés. Dans le nouveau monde, le prolétaire est chloroformé avec des *fox-trots* et des *movies* et tenu en soumission par le garrot de la vente à crédit.

Nous ne voyons jamais du bolchevisme que sa forme destructrice : le monsieur mal rasé avec un couteau entre les dents qui incite de pauvres imbéciles à recevoir des coups de bâton sur une barricade. Mais il y a aussi la doctrine constructrice, la centralisation à outrance, l'élimination des bouches inutiles, la poursuite farouche du rendement maximum, cela, dans le dessein, comme le voulaient Marx et Engels, de réduire à merci les nations conservatrices. L'Amérique, elle aussi, veut nous convertir à son idéal. Identité de moyens? Serait-ce possible?

J'aimerais mieux ne plus penser.

Le petit jour commence à filtrer aux franges du store de toile empesée.

Comme j'ai mal dormi! Ce sont certainement les cocktails...

CHINATOWN

Les serments et les bons mots sont parmi les choses qui s'oublient le plus facilement. Cela tient peut-être à ce qu'ils sont, les uns et les autres, le produit d'une excitation, de caractère noble ou frivole, mais pareillement éphémère. Quelques-uns surnagent, on ne sait pas pourquoi, car ce ne sont généralement pas les meilleurs. C'est ainsi que mon adolescence fut un jour secouée d'un petit rire en lisant cette réponse d'un inspecteur de grands magasins à une cliente qui lui demandait : « Les articles du Japon, s'il vous plaît? — Aux chinoiseries, madame! »

Pourquoi me suis-je toujours souvenu de cette facétie d'un humour assez modeste et en ai-je laissé s'évaporer des milliers d'autres d'une qualité bien supérieure? C'est sans doute le secret d'un déterminisme charitable, décidé à donner à ma visite du quartier chinois de San-Francisco, un bon quart de siècle plus tard, l'occasion de trouver tout de suite, et en souriant, sa philosophie politique.

La fameuse « Chinatown » du grand port du Pacifique contient en effet beaucoup plus d'articles du Japon que de produits de toutes les provinces de la République, qui fabriquent, il est vrai, de notre temps, plus de généraux que tous les Etats légendaires de l'Amérique centrale et n'ont pas d'anxiété américaine pour leur commerce d'exportation. Il est bien possible que « Chinatown » soit, comme l'affirment les guides, la plus grande métropole chinoise en dehors de la

Chine; il est certain qu'il y a des journaux chinois, des théâtres chinois, un « exchange » téléphonique exclusivement chinois, des restaurants chinois, une pagode chinoise, des clubs chinois, mais, quand on se promène dans ce quartier, on y rencontre cent Japonais pour un Chinois; quand on s'arrête devant une boutique, les *satsuma*, les jades, les cloisonnés, les laques, les bronzes, les *kimonos*, les colliers, toute la pacotille de bazar comme les pièces de collection ou de luxe portent la marque *made in Japan* et il faut quelque bonne volonté pour découvrir enfin de-ci de-là un petit tapis bleu et blanc et quelques porcelaines des Ming ou de Kien-Long.

Ceux qui vivent avec le souvenir de la ville chinoise d'avant l'incendie de 1906 feront mieux de ne pas y revenir, et ceux qui rêvent de trouver ici un cadre mystérieux à des expériences dignes de la plume d'Octave Mirbeau peuvent également faire l'économie du déplacement. Il n'y a plus — s'il y a jamais eu — de souterrains conduisant à des chambres de tortures parfumées, plus de fumeries aux plates-formes sculptées, plus de bateaux de fleurs à la mode de Canton, plus de marchands de peintures licencieuses sur panneaux de pongé, destinées à l'éducation maritale des filles de mandarins, plus rien d'un orientalisme ténébreux ou piquant, prétexte recherché à littérature.

Les Chinois de San-Francisco sont de paisibles négociants qui, comme M. Man Fung Wong, vendent à leurs compatriotes des pommes de terre, des carottes et des harengs ou, comme MM. Tin Meong et Cie, tiennent un institut de beauté : *manicuring, shampooing, « Marcel » wave, water wave, hair dyeing*, etc. Pour se faire passer la crinière au bois de Panama, essayer de « crans » à l'eau à défaut d'indéfrisables suivant le procédé de M. Marcel — évidemment un de nos compatriotes — il n'est pas nécessaire d'aller si loin et nous avons des pédicures, admirateurs ou détracteurs du feu et immortel docteur Sun Yat Sen en nombre si impressionnant dans nos murs, qu'il n'est pas besoin de franchir l'Atlantique et tout le continent américain pour s'aller faire extirper célestement un œil-de-perdrix.

On a beau être prévenu de tout cela et avoir acquis la conviction, en scrutant devanture après devanture, que nous sommes même favorisés en Occident quant à la qualité des bibelots pour arbres de Noël et cotillons que l'empire du Soleil Levant déverse par tonnes sur un monde que MM. de Goncourt ont converti à l'orientalisme, on n'en demeure pas moins persuadé qu'il doit exister quelque chose à voir que les agences touristiques, stylées par un gouvernement rigoriste, n'indiquent pas dans leur programme et qu'avec de puissantes relations — comme autrefois les grands-ducs étaient admis, sous la conduite de policiers, à la faveur d'attraper quelques puces authentiquement prolétariennes dans les bouges voisins de la place Maubert — on recueillera quelques sensationnelles impressions.

Accrochés à nos illusions, nous avons mobilisé un soir l'homme de San-Francisco qui était sensé le mieux connaître le dédale — si l'on peut dire, car les rues ont la largeur et l'aspect de la rue La Fayette — de la ville chinoise et nous sommes partis courageusement et anxieusement en expédition, persuadés que le lendemain matin nous serions à même de raconter de mirifiques histoires à nos camarades plus timorés.

Après une marche assez prolongée, notre guide nous fit brusquement tourner dans une petite impasse, dont nous pouvions toucher les deux murs avec nos mains. On avançait à la file indienne, à tâtons. Cela devenait émouvant. Un porche d'escalier de service, un couloir de maison pauvre, quelques marches conduisant à un sous-sol. Une salle basse, avec une petite estrade, un tableau noir et quelques rangs de chaises. Cela tenait du local d'une école improvisée dans les régions dévastées et de la salle de culte d'une église dissidente en formation. Mais peut-être sur cette estrade allait-il se passer des choses, des choses à faire frémir? Notre guide frappa dans ses mains et appela. Alors, de derrière un rideau, surgirent trois petits garçons et une petite fille de 7 à 10 ans. Ils avaient la large culotte bouffante, la chemisette serrée au cou; mais à part cette particularité vestimentaire, ils paraissaient sortir directement de l'école communale. Ils s'assirent en rang sur l'estrade et, avec un ton d'ennui communicatif, chantèrent en chœur une mélopée qui aurait pu être un cantique ou un moyen mnémotechnique de se souvenir des signes du Zodiaque ou de la succession des empereurs romains.

Le plus grand récita ensuite une fable ou une complainte en chinois, à moins que ce ne fût un reproche amer aux détestables étrangers qui empêchent les petits Jaunes d'aller se coucher à une heure normale. Nous étions démangés par une hilarité attendrie qui se transforma en silencieux délire quand notre guide, pour corser le programme, invita l'un des bambins à s'approcher du tableau noir et à répondre par écrit aux questions qu'il allait poser.

— Comment s'appelle le président des Etats-Unis?

Et l'enfant écrivit à la craie : Hoover.

— Comment s'appelait le précédent président?

— Coolidge.

— Quelle est la population des Etats-Unis?

— 120.000.000.

— Quelle est la capitale des Etats-Unis?

— Washington.

Nous nous levâmes, mîmes un *quarter* dans le petit panier d'osier que la fillette avait sorti de sa manche comme un prestidigitateur et nous en fûmes, secoués de rire comme si nous avions vu un sorcier thibétain avaler des poissons rouges et recracher des lapins blancs.

De là nous fûmes à l'un des théâtres chinois, au porche surmonté de lettres mercurielles aveuglantes comme toutes celles de la publicité moderne, passâme à un guichet semblable à tous les guichets et prîme placé dans une galerie qui sentait la pelure d'orange, à l'instar de tous les poulaillers parisiens. Le décor étai évidemment chinois comme le vacarme assourdissan d'un petit orchestre installé sur un des deux côtés d la scène et dont l'un des musiciens en veston tapai à tour de bras sur des calebasses. L'acteur principal affublé d'une fausse barbe blanche mal accrochée qu lui tombait jusqu'aux genoux, monologuait inlassable ment, tandis qu'un accessoiriste se promenait san hâte sur le plateau.

Nous nous retrouvâmes peu après dans la rue. D certaines fenêtres ouvertes, car la nuit d'été était belle tombaient les mêmes dissonances cruelles, le fraca des cuivres et les battements de tambour de l'orchestr du théâtre. C'étaient des restaurants de nuit ou de clubs. Leur vide augmentait le volume du bruit détes table. Nous passâmes.

Notre guide nous offrit d'aller contempler les demoi selles du central chinois connaissant par cœur le noms de leurs 1.200 abonnés. Ces trois grâces, car elle sont trois, jouent évidemment la difficulté, mais un nom chinois est peut-être plus facile à comprendr que la différence entre 70 et 66 et celle qui distingu Provence de Gutenberg?

Il ne restait plus qu'à aller voir composer un journa chinois et son tirage sur rotative, distraction qui nou parut trop occidentale et professionnelle.

Et c'était tout.

Nous échouâmes, assoiffés, dans un dancing améri cain resté ouvert, où le garçon, Français, en nous ser vant des *ginger ale*, à un dollar la petite bouteille, pro fita abondamment de l'occasion de parler sa langu maternelle.

Nous l'interrogeâmes, soupçonnant que notre guide qui s'était éclipsé, nous avait roulés, sur les secret de « Chinatown ». Il nous fit rendre notre estime à ce excellent homme qui avait réellement fait de son mieux.

Je suis retourné à « Chinatown » le lendemain matin pour y faire tout de même quelques emplettes. Ce que j'y ai vu surtout, ce sont, dans des boutiques très modernes et pas du tout bric-à-brac, et dans les bureaux *up to date,* des Japonais, en bras de chemise à l'américaine, tapant sur des machines à écrire, rangeant des papiers d'affaires dans des classeurs métalliques, négociant, brassant d'importantes affaires avec cette méthode, cette patience tenace qui distingue ce jeune peuple industrieux.

« Chinatown » m'est apparue comme un décor désuet dans lequel de vieux acteurs serinent des morceaux du répertoire, mais derrière lequel une troupe nouvelle prépare une pièce d'un tout autre caractère.

— Les articles du Japon?
— Aux chinoiseries, madame.

L'ENCHANTEMENT CALIFORNIEN

Le crépuscule approchait quand la voiture atteignit le versant septentrional de la plus haute des sept collines sur lesquelles est bâtie San-Francisco. Market street, à nos pieds, semblait un fleuve charriant des pierreries vers le lac d'or où s'endormaient, mystérieuses Yerba Buena et Alcatraz. Oakland se piquait de terrestres étoiles comme l'horizon des mers chaudes et le soir estival vibrait d'indéfinissables harmonies.

Je ne pensais pas, comme le héros de Kipling devant le panorama de Londres : « Quelle cité pour un pillage! » malgré l'éclatante richesse de cette ville toute neuve. Je songeais au prodige d'amour qui a permis sa glorieuse renaissance après le cataclysme de 1906. Il faut lire le dramatique récit qu'ont fait de ce sinistre Eugène Szatmari et Nicolas Aranyossi : la secousse formidable réveillant la ville à 5 h. 13 le matin du 18 avril, les maisons s'effondrant, le pavage des rues éclatant, l'incendie commençant dans le quartier des affaires, gagnant avec une effroyable rapidité et détruisant les trois quarts de la ville.

Sur les pentes de ces mêmes *Twin Peaks* où je suis aujourd'hui, des milliers d'êtres, en ces jours tragiques des 18, 19 et 20 avril 1906, ont campé, affolés, désespérés, assistant, impuissants, à l'une des plus terribles catastrophes de l'histoire, qui coûta la vie à plusieurs milliers d'êtres, en ruina des centaines de mille et anéantit plus d'un siècle d'efforts.

La reconstruction de San-Francisco restera l'un des

plus étonnants exemples de l'optimisme, de l'énergie et de l'amour-propre des Américains. Le Congrès vota immédiatement un million de dollars et le Trésor en accorda dix sur ses fonds de réserve. En quatre jours, les souscriptions publiques donnèrent douze millions, Chicago en ayant offert un, Mackay, Carnegie, Rockefeller, tous les milliardaires ayant largement ouvert leurs bourses. On renvoya les souscriptions étrangères. Le président Roosevelt déclara : « Les Etats-Unis sont en mesure de soulager, avec de l'argent américain, la misère américaine. »

Si l'on ne se souvenait pas de ce drame, rien ne permettrait de soupçonner qu'il a jamais eu lieu, car San-Francisco a toute la splendeur monumentale des vieilles capitales, celle que des siècles de labeur accumulé thésaurisa. C'est ici que se révèle la rapidité prodigieuse des réalisations américaines. Construire est une manière de sport, et démolir, pour reconstruire plus grand, une volupté. Les crédits que les municipalités affectent aux embellissements sont votés les yeux fermés. On se demande même ce qui pourra passionner les Américains quand tous leurs immeubles auront soixante-deux étages — ce que les experts considèrent comme la hauteur *profitable* — et que toutes les cités seront gratifiées de capitoles, d'hôtels de ville, de bâtiments administratifs, de musées, d'écoles et de théâtres babyloniens.

Comme je l'ai déjà observé ailleurs, on a l'impression que l'Amérique édifie fébrilement une demeure solide et vaste qu'elle ne se préoccupe pas de meubler à la même cadence. A l'encontre de chez nous où, faute de ressources, on ajoute des ailes aux bibliothèques quand on ne sait plus où caser les livres, ici on prépare des kilomètres de rayons en prévision d'ouvrages encore à paraître ou à acquérir. C'est d'ailleurs une excellente politique. Quoi qu'il arrive désormais, même si une crise économique devait restreindre les moyens matériels, les Etats-Unis posséderont le cadre :

villes, monuments, usines et routes, de leur future activité. Ils ont su voir grand tout de suite.

Il était évident que San-Francisco renaîtrait de ses cendres. La situation de la ville, au bord de sa baie fermée, peut rivaliser avec celles de Rio-de-Janeiro, de Naples ou de Constantinople. L'Ouest américain, où les geysers jaillissants indiquent un mystérieux travail souterrain toujours redoutable, a le charme irrésistible qui fait braver la mort. C'est l'enivrement de Taormina malgré la menace de l'Etna. C'est la pâmoison continue d'une nature qui se donne avec frénésie. Si l'on est tenté de noter une similitude entre cette côte enchantée et les *rivieras* méditerranéennes, l'on sent pourtant que la transparence du ciel est d'une valeur différente, que les parfums n'ont point le même piment et que, sur un seul thème de beauté, les deux symphonies sont riches en variations. Et quand on cherche ce qui distingue, pour des sensibilités curieuses, nos délices coutumières de celles qui nous sont offertes ici, l'on se souvient tout à coup que la Californie est au bord du même Pacifique qui baigne le Japon et la Chine, que rien n'arrête les effluves qu'apportent de là-bas les nuées, et que ce n'est pas seulement par son négoce et ses fils émigrés que l'Extrême-Orient communie avec la rive américaine. Et l'on n'est point surpris de trouver dans le parc de Golden Gate, à côté d'un jardin japonais aux lanternes de pierre, aux petits ponts convexes couronnés de glycines, un aquarium où s'ébattent, comme des paillettes d'or dans de l'eau-de-vie de Dantzig, les plus fantastiques poissons qu'on ait ramenés du fond des mers. Ils viennent des îles Hawaï, et ce sont les seuls qu'on ait pu acclimater à l'étranger. Endormez-vous, un après-midi d'été, derrière des volets qui traîtreusement laisseront, par le trou de leur crochet, un rayon d'or chercher votre paupière et que vos rêves vous amènent au spectacle des porte-cigarettes, des boîtes à poudre, de tous les bijoux en émail se mettant à frétiller derrière les vitrines de la rue de la Paix inondées d'eau d'une transparence d'aigue-marine : vous aurez une impression assez exacte de l'aquarium de San-Francisco. Il est de ces poissons qui semblent découpés dans une aile du bleu électrique des papillons brésiliens, d'autres dont le noir étincelant est barré de bandes rouges que les géraniums envieraient, des roses et blancs, des bigarrés avec toutes les savantes arlequinades cubistes de l'art ultra-moderne. On demeure stupéfait de ces trésors de beauté dont aucun analyste sagace des desseins de la Providence, à moins de croire aux sirènes, aux naïades et aux palais féeriques des profondeurs, ne saurait déterminer la raison d'être. Obéissent-ils à quelque loi mimétique, la flore sous-marine leur servant d'abri contre les espèces rapaces? Sont-ils beaux par l'éternel désir de plaire commun aux fleurs et aux femmes? Ce sont des questions qu'on ne se pose pas d'ailleurs en les regardant évoluer parmi les carpes aux nageoires en longues draperies de mousseline blanche, flottantes Loïes Fullers des mers de Chine. On ne pense qu'à se souvenir de l'étonnante vision.

L'on comprend que Robert-Louis Stevenson ait aimé cette côte où l'air polynésien apportait encore sa magie. Il a vécu à Monterey, l'ancienne capitale californienne dont Jenny Lind inaugura le premier théâtre devant un auditoire de chercheurs d'or. On montre encore la maison du grand écrivain : une bâtisse crépie à la chaux qu'un buisson de rosiers sépare de la route. San-Francisco lui a élevé, dans Portsmouth square, l'ancienne « plaza » où il avait coutume de venir rêver, un monument d'une belle simplicité : une caravelle du type *Mayflower* s'élance, la voile gonflée, au sommet d'une stèle carrée sur laquelle on a gravé son *credo :*

« Etre honnête. Etre bon. Gagner peu. Dépenser un peu moins. Rendre au total une famille plus heureuse par sa présence. Renoncer, quand cela est nécessaire, et n'en pas avoir d'amertume. Avoir quelques amis, mais cela sans capitulations. Avoir par-dessus tout des amis qui vous aiment dans les mêmes conditions; c'est là la tâche pour tout ce qu'un homme a de courage et de délicatesse. »

De cette côte californienne l'on n'a coutume de connaître que San-Francisco, et Los Angeles surtout, à cause d'Hollywood, la Mecque du cinéma, une grande ville ensoleillée aux larges avenues tirées au cordeau, mais où Charlie Chaplin et toutes les stars blondes aux yeux de poupée en porcelaine ne sont pas en permanence sur le quai de la gare.

Combien d'autres petites villes ou même bourgades méritent mieux qu'une visite entre un déjeuner et un plein d'essence! Il y a les vieux couvents et les églises des missions espagnoles du dix-huitième siècle : San-Gabriel et ses trois étages de cloches, la chapelle de Sainte-Marie-Madeleine à Camarillo, la mission de Saint-Bonaventure à Ventura, la vieille ville espagnole de Santa-Barbara, San-Luis-Obispo, San-Miguel et son cloître, les ruines de Notre-Dame-de-la-Solitude, Saint-Charles-du-Carmel, San-Juan-Bautista... Il y a les plages que les pins parasols ombragent, les criques rocheuses aux tapis de sable d'or qui rappellent Agay et Majorque, il y a enfin les forêts des *redwoods*, aux arbres géants trois fois millénaires qui sont à l'échelle des dinosaures et des pithécanthropes de la préhistoire.

Si notre vieille Europe peut offrir aux peintres, aux fervents d'architecture espagnole, aux amateurs de natation, de cure de soleil ou de *farniente* l'équivalent, les *redwoods* californiens sont par contre uniques au monde et j'ai, dans leur cadre, éprouvé une des plus hautes émotions de toute ma vie.

Le Bohemian-Club de San-Francisco, cercle d'artistes et d'amis des arts — qui n'ont rien des faméliques héros d'Henri Murger, car leur siège social est un palais digne de Pall Mall et leur chef un invisible *maestro* de la bonne chère, — nous avait conviés à une manière de *picnic* dans *sa* forêt, car ces épicuriens ont, à quelque quarante kilomètres de San-Francisco, acheté plusieurs dizaines d'hectares d'arbres millénaires qu'ils ont entourés de palissades. C'est le but de leurs *week-ends*, l'asile de leurs rêveries, le monastère de leur repos. L'entrée de la forêt des Bohemians est interdite aux femmes, excepté une fois l'an, lors de la représentation du théâtre de verdure. Ces philosophes, ayant retrouvé le Paradis terrestre, ne craignent plus les serpents qui le hantent, dès l'instant qu'il n'y a plus d'oreille fine pour écouter leurs pernicieux conseils et les comprendre. Ils peuvent fumer leur pipe, deviser d'art et de politique, tirer leur coupe dans la rivière des Russes qui baigne leur enclos et jouer aux Robinsons et aux trappeurs sans être importunés par des soucis de courtoisie, des obligations romantiques ou des sujets de querelles. Chacun est libre de se construire une cabane où bon lui semble, d'en orner les murs rustiques à sa guise — et l'éternel féminin n'est pas plus exclu, en images, de ces *guitounes* qu'il ne le fut, grâce aux hors-texte de la *Vie Parisienne*, de nos *cagnas* du front — et de faire sa cuisine sur un réchaud à pétrole ou dans une marmite suspendue, à l'indienne, au-dessus d'un feu de bois. C'est le royaume du bon plaisir. Je n'ai pas eu l'indiscrétion de demander ce qu'il en coûtait annuellement pour jouir d'un aussi rare privilège. Il ne faut certainement pas en être à ses débuts de barbouilleur et attendre anxieusement à la fin du mois la visite du marchand de tableaux qui permettra de payer le boulanger et la femme de ménage. C'est un Eden pour membres de l'Institut ayant réussi dans le portrait de femmes du monde. Peut-être les mécènes payent-ils une cotisation supérieure à celle des artistes? C'est fort possible, car l'Amérique a le noble respect de l'art et de l'intellectualité.

Le Bohemian-Club fait représenter chaque année une pièce à grand spectacle, avec orchestre, chœurs et décors brossés dans l'immense atelier du club-house urbain. C'est l'événement de la saison qui fait rouler de Sansolito jusqu'au *Bohemian grove* toutes les grosses voitures de San-Francisco. Les photographies de la dernière représentation, comme les décors en voie d'exécution pour *Robin des bois*, le prochain spectacle, m'ont permis d'en deviner la beauté.

Mais cela n'est rien auprès de ce qui nous fut offert.

Nous nous étions promenés, avant de déjeuner, dans la forêt, par les chemins soigneusement tracés et entretenus parmi ces troncs gigantesques dont une coupe suffirait au banquet des chevaliers de la Table ronde. Les fûts tout droits sont dépouillés de feuillage jusqu'à la hauteur moyenne d'un cinquième ou sixième étage, si bien que l'ombre des sous-bois ne donne pas cette sensation d'étouffement ou d'écrasement relatif que l'on éprouve parfois dans nos plus belles forêts d'Europe. C'est une zone de clarté sans contact avec le ciel, celle que les scaphandriers rencontrent à une certaine profondeur. Nous étions délicieusement troublés et conquis. Après le déjeuner on nous conduisit en une sorte de clairière ronde qu'on avait aménagée en coupant quelques arbres. Un grand feu de bois brûlait au centre et la fumée s'élevait en une torsade bleue comme au sortir d'un brûle-parfums cyclopéen. En cette heure chaude du jour les oiseaux dormaient et nul bruit ne troublait ce prodigieux silence, sauf le crépitement de la flamme.

C'est alors que le miracle se produisit. On ne sait d'où, insensiblement, comme un murmure, un chant s'éleva. Un harmonium invisible venait d'attaquer, avec une douceur calculée, le célèbre *largo* de Hændel. La phrase musicale s'amplifiait, se répandait sous les voûtes de cette cathédrale créée par la divinité même, s'envolait vers l'infini sans être retenue par aucun écho, mais en laissant des parcelles d'harmonie accrochées, comme les gemmes de la rosée matinale, aux voûtes en dentelle de feuillage. C'était une impression si parfaitement pure et grande que les mains se joignaient naturellement. Et pendant une heure le mystérieux organiste nous bouleversa. Entendre, dans ce décor, le troisième acte de *Siegfried,* le *Prélude* et le *Choral* de Franck, ce que le génie a conçu, porté par une idéale vision, sans croire à la terrestre existence d'un tel décor, n'y a-t-il pas là de quoi faire rêver ceux qui aspirent encore au sublime?

Je dois au Bohemian-Club plus que de la reconnaissance, mais je ne peux m'empêcher de penser que son règlement qui interdit l'accès des femmes est affreusement cruel pour les adhérents eux-mêmes, car la musique, pour beaucoup d'êtres sensibles, se comprend mieux quand on est deux, surtout quand la tendresse unit ces deux-là.

S'ils privent par surcroît les dames de San-Francisco d'auditions qui les charmeraient, les Bohemians ont peut-être, après tout, raison, car, sans parler des dangers de trop de poésie, ils prolongeraient indéfiniment leur séjour et ne reprendraient finalement jamais le chemin de la Porte d'Or.

Le président Hoover, dont on m'a montré le chalet enveloppé de fougères, déserterait Washington, et la vie du monde serait suspendue par la faute de l'enchantement californien.

LES FRANÇAIS DE LA COTE DU PACIFIQUE

On a glissé sous ma porte un journal qui n'est certainement pas américain, car il n'a que huit pages. En effet, c'est le *Courrier du Pacifique,* organe des populations de langue française de la côte californienne, un vaillant petit journal fondé le 1er juin 1852 et qui vient donc de fêter son soixante-dix-septième anniversaire. Il se pique d'être le plus ancien quotidien de San-Francisco. Il a enregistré toute l'histoire de cette cité magique qui, de la *Yerba Buena* de 1847 avec ses cinq cents pêcheurs, est devenue, par la découverte de l'or, la reine du Pacifique.

On a quelque patriotique émotion à déplier sur sa table ce journal qui a pour devise : *Pour la France, toujours et quand même !* Ce « quand même » sonne un peu comme une désespérance, une plainte ou un reproche. Je ne suppose pas que les fondateurs aient jadis caressé l'espoir de faire de San-Francisco une dépendance de la rue Oudinot, ou qu'ils aient eu pour la Maison-Blanche les sentiments que l'on professait, avant 1914, à Strasbourg, pour Bismarck et l'hôte de Potsdam. Ce « quand même » doit plutôt signifier — s'il n'est pas une simple formule lyrique — que la mère patrie est un peu oublieuse ou indifférente à l'égard de ses enfants lointains et que les grains de mil du fabuliste — en l'espèce l'envoi de dépêches, de communiqués, de documentation française — feraient assez bien l'affaire de son rédacteur en chef, M. Lusenchi, un Corse qui fut le secrétaire de Jacques Hébrard et qui continue là-bas les grandes traditions du boulevard des Italiens. S'il n'y avait pas à San-Francisco une importante colonie française, un quotidien n'y pourrait pas subsister (il y en a même un autre, *la Vérité*, qui n'a que neuf années d'existence, ce qui est déjà un âge pour un journal, et que dirige M. Jules de Godeau, avec M. Dechezelles, comme rédacteur en chef) ; mais il suffit de parcourir les rues comme de jeter un coup d'œil sur les annonces pour être édifié. Voici M. Laurent Lalanne, M. Jean et Mme Louise Gouailhardon, M. Emile Serveau qui tiennent des boutiques de fleuristes ou excellent dans l'art des couronnes; M. Devaux, qui peint des enseignes; M. Martell, qui importe des escargots de Bourgogne, des camemberts, des saucisses de Béarn et d'Auvergne; M. Joseph Daniel, qui pose des papiers peints; MM. Loustaunau et Lucien Salanave, charpentiers ; M. Maurice Léger, tailleur; M. J. Carle et M. Lauvay, imprimeurs; M. Pradels, libraire; M. Maillet, tapissier; M. Henri Lafon, pâtissier; M. Hondet, plombier; des avocats, des médecins pour toutes les spécialités, des chirurgiens-dentistes, des restaurants, comme le « Saint-Germain », le « Paris », bref une liste interminable de noms français, d'œuvres françaises : Société française de bienfaisance mutuelle que préside M. Pierre Chige, hôpital français, club athlétique français, ligue Henri-IV, bibliothèque de l'Alliance française, Société de secours mutuels des anciens combattants français que préside M. G. Reclus, une banque franco-américaine qui a à sa tête M. L. Bocqueraz et — détail qui en dit plus long que toutes les énumérations et les statistiques — un bureau de tabac où l'on trouve des paquets de « bleu » et de « gris » qui sont pour les amateurs plus qu'une satisfaction et un remède contre le mal du pays.

Mon confrère et ami M. Georges Lechartier, qui, mieux que beaucoup d'autres, connaît les Etats-Unis et en particulier cette côte californienne où s'enflamma sa jeunesse, nous parle avec admiration de l'école des Frères maristes dont le Père Le Bihan lui a fait visiter les classes, le gymnase, le vaste auditorium où, lors de la présentation du film sur Jeanne d'Arc, douze mille personnes s'entassèrent, tandis que six mille retardataires demeuraient dans la rue.

Et, puisqu'il est question de spectacles français, comment ne point chercher le n° 1.470 de Washington street? Vous serez, quand vous l'aurez trouvé, devant une jolie mais modeste petite maison qui ne se distingue de ses voisines que par un panonceau où s'inscrivent ces mots inattendus : « la Gaîté française ». Informez-vous. L'on vous contera ceci. Il y avait un jour un impresario qui amena en Amérique une troupe parisienne à laquelle beaucoup de dollars étaient promis. On roula de ville en ville, on joua des pièces mal adaptées à un public qui n'était pas préparé à les comprendre, et un beau soir l'impresario avoua que ses poches étaient vides. La troupe, désenchantée, protesta, pleura sur ses illusions envolées et ne pensa, en majorité, qu'aux moyens de se faire rapatrier.

Il y avait pourtant dans cette troupe deux individualités que le destin n'avait pas abattues et qui prirent la chose « à la française », c'est-à-dire courageusement. L'ardent jeune premier, André Ferrier, et le soprano dramatique, Mlle Jeanne Gustin, brillante élève du Conservatoire, où elle fut la condisciple de Mlle Alice Raveau, se tendirent la main. Puisque le sort les avait fait échouer sur la côte californienne, ils y resteraient. Ils unirent leurs destinées, débutèrent en courant le cachet, ouvrirent une école de déclamation et de chant, achetèrent une maison, transformèrent le sous-sol en salle de spectacle et, progressivement, réussirent à former une troupe et à donner des saisons ininterrompues de pièces françaises. La nécessité comme la passion du métier ont fait de ce directeur improvisé un électricien, un décorateur, un ingénieur-machiniste. Dans la maison, tout le monde travaille, y compris de grands enfants qui sont la bénédiction de ce foyer. A un public fidèle d'abonnés, devant des salles combles, on joue jusqu'à sept fois de suite du classique comme *Les Fourberies de Scapin, Le Malade imaginaire, Gringoire, La Joie fait peur, Le Luthier de Crémone, Le Voyage de M. Perrichon, La Poudre aux yeux, La Main leste, Les Deux Aveugles*, etc.

Et tout ce travail de mise en scène, de décors à brosser et à poser, de répétitions, de programmes à préparer et à éditer avec les plus intelligentes notions didactiques va de front avec les leçons particulières de chant, de déclamation, de prononciation, de pantomime, de danse et même de grammaire et de conversation françaises avec classes pour commençants, adultes et même pour enfants.

On se sent ému d'admiration devant cet effort et ce résultat. Bien des gens s'imaginent que la grande propagande de l'esprit (avec un *e* minuscule) français aux Etats-Unis est faite par un joyeux garçon qui, en descendant, d'un coup de paume, le bord d'un canotier sur son nez, affirme, avec des grimaces, que « Valentine a de petits petons ». Il est possible que les Américains raffolent, comme notre public spécial de music-halls, de cet hilarant comique, mais quelle plus profonde préparation spirituelle est faite dans le studio san-franciscain de Washington street, où tout ce qu'il y a de sain dans la vraie gaieté française est joliment présenté; M. et Mme Ferrier n'ont qu'un regret, celui de ne pouvoir monter des chefs-d'œuvre qui exigent des costumes d'un prix trop élevé. Ils voient quelquefois en rêve un directeur du Théâtre Français passant l'examen de son vestiaire et découvrant des trous de mites dans un pourpoint de Don César de Bazan ou d'une redingote à basques du marquis de Pourceaugnac...

Si ces costumes, proposés par la réforme administrative, paraissent trop « miteux » pour être expédiés, qu'on les envoie tout de même. On les confiera à Mme J. Trouillet, qui sait la manière française de nettoyer les étoffes, à M. Léon Cambon, teinturier, et à M. Lucien Labaudt, costumier du théâtre, et les abonnés de « la Gaîté française » connaîtront de beaux soirs utiles à notre propagande intellectuelle.

Et puisque je suis sur ce chapitre, comment ne pas avouer le petit pincement au cœur que j'ai éprouvé quand, à l'université de Berkeley, j'ai été introduit dans le « Salon de France ». Des amis de notre pays ont reconstitué là, dans son intégral décor Louis XVI, la bibliothèque française qui figurait à l'Exposition de San-Francisco. L'université entretient comme bibliothécaire une Nancéienne, Mlle H. Reutinger. Mais cette savante jeune fille veille sur des collections interrompues, car notre ministère de l'Instruction publique, après avoir fait, en vue de l'Exposition, une sélection parfaite d'ouvrages de philosophie, de sciences pures et appliquées, de littérature et d'histoire, représentant ce que nous sommes à même de produire dans les hautes sphères de l'intelligence — démenti magnifique donné à ceux qui veulent faire de nous de simples fabricants de romans — a radicalement arrêté les frais. Le ministère n'avait évidemment plus de crédits; la commission de l'Exposition était dissoute; une page était tournée. Nul ne s'est avisé qu'il y aurait un intérêt spirituel à rajeunir méthodiquement les rayons du « Salon de France » à Berkeley et à ne pas laisser MM. Doumergue et Poincaré et les maréchaux Foch et Joffre, dont les photographies sont, avec les livres, le seul ornement de cette délicieuse librairie, contempler tristement des œuvres qui ne représentent déjà plus la France d'aujourd'hui.

Ah! s'il y avait là-bas un « Salon d'Allemagne », soyez certains que chaque courrier entretiendrait cet honneur par des colis de Leipzig.

Notre pays, qui peut offrir au monde, dans le domaine scientifique, l'équivalent de ce que montent en épingle d'habiles et d'ailleurs remarquables *Herren Doktoren* d'autres nations, semble insoucieux de ce genre de gloire et se complaît dans une réputation d'originalité souvent licencieuse. Nos rivaux et adversaires flattent notre égarement en acclamant nos barbouilleurs les plus infantiles et ceux de nos écrivains qui, abandonnant les séculaires traditions de clarté qui ont donné à la langue et aux idées françaises leur suprématie, jonglent dans le vide. La vraie France n'est pas une France de pitres et d'acrobates dont le rôle est de surprendre et de stupéfier l'univers. Sa grandeur est dans le sérieux de la race, dans son effort continu, dans sa dignité laborieuse. Nos amis d'Amérique le savent heureusement, et c'est pourquoi ils nous aiment. Mais il n'y aurait rien d'indiscret à faciliter leur tâche. Les Californiens ont sous les yeux une colonie française d'une belle cohésion et d'une notable activité. Elle méritait une mention au tableau d'honneur des bons et utiles Français, que la métropole ignore ou oublie trop facilement.

LA JEUNESSE ET LES UNIVERSITÉS

Où qu'il aille, aux Etats-Unis, un Français est certain de connaître les sourires d'un charmant accueil, avec une cordialité bon enfant où la simplicité s'allie à la jeunesse. C'est un des plus grands attraits de l'Amérique. Il se peut qu'en quelques cités le snobisme ait exercé ses méfaits, mais partout ailleurs — et les Etats-Unis sont vastes — tout est direct et frais. Quand, à la fin d'un banquet, le speaker, enluminé de whisky clandestin ou de bourgogne californien, sollicite un petit discours de chaque participant dont il annonce les qualités, nul ne se fait prier par timidité ou modestie. Qu'il soit secrétaire d'une chambre de commerce, sous-directeur d'une entreprise quelconque, correspondant d'un petit journal de province ou simple commerçant, l'interpellé se lève et s'en va à la cueillette des lieux communs dans le jardin de la fraternité. L'insuffisance de ses dons oratoires ou les limites de son imagination ne le préoccupent pas. Du seul fait qu'il a franchi l'étape larvaire du statut social, il a gagné la foi dans sa personnalité. Cela est aussi touchant que significatif. La masse, où la culture n'a pas encore mis l'humanité au pluriel, éblouie par les avantages d'un mécanisme économique dont la doctrine lui échappe, est prête à se considérer la race élue du XXe siècle, comme les mormons de Brigham Young se croyaient appelés à construire la Jérusalem des temps futurs.

Cette tournure d'esprit, génératrice d'efforts, accomplis de bonne humeur, suivant le sain *credo* de notre brillant premier ministre, est infiniment attachante. Notre goût de l'ironie, péché mignon des vieilles races, doit se tempérer devant le spectacle de braves gens qui croient encore à quelque chose et ont, en premier lieu, confiance en eux-mêmes. La vie leur apprendra bien assez tôt que finalement c'est toujours Mahomet qui doit se déplacer vers la montagne, et qu'il y a des vaches maigres ailleurs que dans les rêves pharaoniques.

Pour l'instant, ils vont de l'avant, bras dessus, bras dessous, en fredonnant des fox-trots et en plaignant l'Europe qui, comme Moïse, s'est trop laissé vieillir pour jouir des splendeurs de Manassé, d'Ephraïm, de Nephtali et du reste du pays de Chanaan.

Rien n'est plus typique de cette formation mentale que le mirage universitaire, la fabrication par centaines de mille de diplômés pour lesquels les hautes études ont l'apparence d'un jeu, ce qu'elles sont dans bien des cas.

J'ai visité Columbia et sa section de journalisme; j'ai vu les autres universités des villes traversées; à San-Francisco, l'on m'a conduit à Berkeley et à Stanford, et mes dossiers comme mes notes abondent d'indications sur le sujet. L'impression d'ensemble est que la quantité supplée à la qualité et que l'étudiant américain n'a que très peu de points de commun avec son confrère français. Chez nous, le jeune homme ou la jeune fille qui, au lendemain du baccalauréat, décident d'aller s'asseoir sur les bancs d'une faculté sont mus soit par l'ardente soif du savoir, soit par la nécessité de grades qui leur ouvriront certaines carrières, mais de toutes façons cette étape nouvelle de leur instruction s'annonce pour eux comme rude, laborieuse, difficile. Nos jeunes gens savent que les licences, les doctorats et les agrégations exigeront d'eux un effort héroïque que rien ne saurait distraire ou compromettre.

L'étudiant américain entre à l'université pour avoir un *jolly good time*, accroître son savoir dans une ambiance souriante et libre et acquérir le vernis qui fera disparaître le rugueux de sa modeste origine. Il passe pour ainsi dire directement du primaire à l'universitaire.

Je ne connais pas assez les méthodes de recrutement du corps enseignant pour apprécier la valeur des maîtres, mais il paraît évident que le développement extrêmement rapide des universités qui se créent un peu partout, sur des plans le plus souvent grandioses, ne permet pas un synchronisme dans la formation des professeurs.

Il ne suffit pas qu'un millionnaire local ou une municipalité orgueilleuse fassent construire une cité de palais intellectuels, équipent des laboratoires, meublent une bibliothèque, édifient des gymnases et des *Club houses* d'étudiants et étudiantes pour qu'instantanément il se trouve à point nommé un état-major enseignant. Force est d'avoir recours aux plus récentes promotions qui, chez nous, prennent le chemin des petits lycées secondaires de province.

Certes, la jeunesse n'exclut pas le mérite, mais la concurrence effrénée que se font les universités pour pouvoir tirer gloire du nombre de leurs étudiants — le travers du *biggest* dont les Etats-Unis se guériront un jour — édulcore la sévérité des examens de sortie. L'université qui acquerrait la réputation d'être avare de ses diplômes se verrait désertée, ce qu'elle ne saurait risquer sans faire tort à son équilibre économique autant qu'à sa vanité. Toutes sont donc obligées de fabriquer des « gradués » comme M. Ford fabrique, à la chaîne, ses quatre ou six-cylindres.

Un chirurgien des hôpitaux français me racontait que, pendant la guerre, un de ses collègues américains, devant lequel il s'inquiétait des services d'ambulance des nombreuses divisions du général Pershing, lui répondit, avec le plus grand sérieux : « Nos universités vont nous envoyer, le mois prochain, deux mille chirurgiens. » Cela fit passer un petit frisson dans le dos de notre compatriote.

Il est certain que nos programmes d'études supérieures sont extrêmement lourds et qu'on impose à notre jeunesse une tension intellectuelle qui compromet souvent sa santé, mais les universités américaines pèchent par l'exagération contraire. La science passe non seulement après la santé — ce que tout parent ne saurait qu'approuver — mais après l'agrément. Le sport sous toutes ses formes est à l'honneur; les cercles, abondamment pourvus de journaux, de magazines qu'on peut feuilleter ou laisser sur ses genoux quand la mollesse des profonds fauteuils de fumoir invite au sommeil, les bals, les concerts, les représentations d'amateurs donnent à cette existence où jeunes gens et jeunes filles sont, quelquefois dangereusement, réunis, un caractère qui nous étonne.

Il y a plus. Certes, on comprend — et on admire — que l'Amérique, pays neuf que la prospérité a favorisé, ait voulu donner à ses enfants le bien suprême qui est l'instruction universitaire et les ait pour ainsi dire tous appelés à en jouir. Mais les frais sont en proportion du confort dont les étudiants sont entourés. Force est à un grand nombre d'entre eux de chercher des ressources extraordinaires pour pouvoir poursuivre leurs études. Nous avons vu venir en France, dans certaines stations balnéaires, des orchestres de jazz composés d'authentiques étudiants américains. J'ai rencontré en Amérique, pendant les mois d'été, des étudiantes transformées en femmes de chambre d'hôtel ou serveuses de bar. Le bulletin de l'université de Yale, qui est l'une des plus grandes et des plus sérieuses, signale qu'au cours de l'année scolaire écoulée le bureau de placement de l'université a fourni du travail à un tiers — notez la proportion — des étudiants qui ont gagné ainsi 687.647 dollars, soit plus de 17 millions de francs. La caisse de l'université a, pour sa part, contribué pour plus de 12 millions de francs à l'entretien de cette catégorie d'étudiants.

Sur ces 17 millions, 11 ont été gagnés pendant la

cours des études et 6 pendant les vacances. Le nombre de ces étudiants-travailleurs a été de 1.246.

Douze d'entre eux font marcher une blanchisserie, quarante et un sont employés au repassage des vêtements, cinq cent sept sont garçons de salle aux réfectoires de l'université ou dans des restaurants de la ville, vingt-huit jouent dans des orchestres, d'autres sont agents de publicité, donneurs de sang pour transfusion postopératoire, modèles d'artistes, charpentiers, chauffeurs, jardiniers, guides, concierges, employés des pompes funèbres, précepteurs, placiers en meubles, souliers, cravates, etc.

Evidemment, Spinoza polissait des verres de lunettes tout en préparant l'*Ethique* et *la Clef du sanctuaire*, Schliemann étudiait la Grèce homérique dans une arrière-boutique d'épicier, et nos universités connaissent leurs pauvres honteux adonnés à des tâches ingrates pour payer leur terme, mais ce ne sont que des exceptions que l'on respecte en les déplorant.

Il est en effet pénible de songer aux soucis matériels de ceux dont toutes les pensées devraient pouvoir se concentrer sur la science qu'ils cherchent à pénétrer.

Le partage de tant d'étudiants américains entre des besognes souvent absorbantes, les divertissements sportifs et sociaux et les travaux universitaires a quelque chose de nettement anormal. Quelle culture hybride doit être la résultante d'une telle dispersion?

Le seul correctif est que les universités, dans leur ensemble, sont moins des académies que des collèges qui, sur un fond d'humanités, greffent des enseignements techniques, commerciaux et industriels, d'utilisation immédiate. Il ne faut plus dès lors se laisser impressionner par les chiffres étourdissants de tous ces lettrés et scientifiques. La plupart ne deviennent ni jurisconsultes, ni archivistes, ni directeurs de laboratoire à l'Institut Rockefeller, mais teneurs de livres, commis d'apothicaires ou vendeurs de grands magasins avec la plus parfaite sérénité. Les années d'université ont été pour eux celles de l'émancipation, de la découverte de la vie et de la joie. Cela ne suffit-il pas ?

Ce qui nous induit généralement en erreur au sujet des universités américaines et des résultats qu'elles obtiennent, c'est souvent le caractère merveilleux de leur équipement. Dans leurs bibliothèques, vous êtes assurés de trouver, à la salle de lecture, méthodiquement classés et présentés, les périodiques scientifiques du monde entier. Quelle richesse!

Mais si vous laissez votre guide vous dépasser et si vous vous attardez à sortir ces revues de leur case, vous constatez que pas une n'est coupée. La matière première est bien là, mais personne ne s'est soucié d'en extraire quelque chose. Au fichier monumental que tient à jour un essaim de jolies bibliothécaires, vous cherchez en vain certains ouvrages essentiels. Aucun étudiant ne s'est avisé de leur absence.

Les laboratoires feraient pâlir d'envie nos plus grands savants. Les appareils les plus coûteux, parfois uniques en leur genre, en font l'ornement. Avec de tels moyens, que ne peut-on faire? On fait en effet des merveilles, et les physiciens et chimistes américains ont une réputation mondiale. Mais là, comme dans les lettres — en particulier dans la philologie et l'histoire littéraire, traitée un peu suivant les méthodes allemandes, — les travaux utiles sont l'apanage d'une petite élite. La grande masse estudiantine se contente de manuels simplifiés et est dépourvue de toute curiosité intellectuelle. Elle n'en a que faire, étant donné les buts qu'elle poursuit. En recevant en France les magnifiques publications des universités américaines qui labourent le champ de notre propre culture, nous nous imaginons volontiers que le sceptre du savoir est prêt à prendre, en sens inverse, le chemin de Lindbergh.

Qu'on se rassure. Au moins pour la présente génération, ce danger n'est pas à redouter. Les Etats-Unis en sont encore au stade du dégrossissement hâtif de leur jeunesse.

Par ce besoin d'éblouir, qui est l'innocent défaut de son adolescence heureuse, l'Amérique présente de somptueux prospectus où les portiques platoniciens ont l'attrait de stations climatériques, de casinos balnéaires et d'instituts commémoratifs dus à la générosité de M. Andrew Carnegie. C'est le triomphe du décor. Si les recteurs confessent, avec la probité de maîtres éducateurs, que le déchet est énorme et qu'il serait temps de réduire le nombre des figurants qui s'amusent plus — et malheureusement de façon fâcheuse — qu'ils ne travaillent, on n'ose pas encore le dire trop ouvertement, car des questions de prestige et d'intérêt sont en jeu.

Mais il faut faire confiance aux Américains. Ils sauront, un jour, le gros œuvre de simple attraction intellectuelle du peuple terminé, passer au tamis les élites probables, et ce jour-là avec les moyens dont on dispose de l'autre côté de l'Atlantique, les universités américaines prendront une avance redoutable.

AUTOUR DE SAN-FRANCISCO

Après quelques semaines de séjour aux Etats-Unis durant la belle saison, on est tenté de penser et d'écrire: la moitié de l'Amérique roule en auto sur la route, l'autre moitié joue au golf; le reste fait marcher les usines. Ce semblant d'aphorisme ne fera sourire que les Européens auxquels la faveur n'a pas été donnée de franchir l'Atlantique. Il est tout à fait superflu d'avoir, en ce qui concerne les voitures en circulation, recours à la statistique; celle d'hier est déjà fausse. Il ne faut pas voir dans ce développement intensif de l'automobilisme une simple manie somptuaire. Il est en rapport avec l'extension croissante des villes, avec le goût, accompagné du souci d'hygiène, pour les résidences rurales. Les villas s'éparpillent sur de telles étendues qu'un service de transports en commun ne ferait pas ses frais. Industriels, commerçants, fonctionnaires logent souvent à dix, vingt, même quarante kilomètres de leurs usines et de leurs bureaux. Un coup de téléphone vous priant à prendre une tasse de thé à Fontainebleau ou à Compiègne quand vous êtes aux Champs-Elysées est là-bas aussi banal que de traverser ici le boulevard pour bavarder avec un ami à l'heure de l'apéritif.

Si nous reculons devant la perspective d'avoir à perdre une heure pour gagner la porte d'Italie ou la Villette et sommes inquiets sur le reste de l'aventure, les Américains ont presque partout résolu la difficulté en donnant à leurs cités des voies de dégagement répondant aux exigences du trafic et en construisant des routes qui méritent le qualificatif d'autostrade. Ces routes sont calculées pour le large passage de quatre voitures. Une bande blanche sépare la voie descendante de la voie montante. Chacune de ces voies est elle-même coupée en deux par une bande noire. Les voitures sont tenues de rester dans les limites de la bande noire extérieure, peuvent dépasser en utilisant le second couloir, mais n'ont pas le droit d'y rester. Le passage est donc toujours libre dans les deux sens. Il y a bien des accidents en Amérique — les chauffards sont internationaux — mais la circulation ne souffre aucun retard et l'on n'assiste pas, les dimanches soir, au spectacle de ces lents serpents illuminés qui font de la route de Poissy et de toutes celles qui mènent à notre capitale la joie visuelle du piéton et le désespoir des figurants.

La dépense de construction de telles routes modèles a été évidemment énorme, mais il n'en est pas de plus intelligente. Elle permet la décongestion des villes, la mise en valeur des terrains riverains et toutes leurs conséquences économiques. Comme cette grande œuvre est malgré tout récente, l'Amérique est en pleine fermentation de lotissement. Autour de San-Francisco, de kilomètre en kilomètre, voisinant avec les gigantesques panonceaux qui vantent les mérites de marques d'auto, de cigarettes et de sucreries — les trois grands usagers de la publicité en bordure des routes — votre œil est accroché par des affiches qui vous invitent à transporter là vos dieux lares : *For Real Estate, improved or inimproved. — Inspect our new homes. — A model Community. — Homes of Merite. — First Climat in America.* — Les architectes doivent faire fortune et s'en donner à cœur joie. Les lotisseurs, spéculateurs de terrains, connaissent les travers de leur éventuelle clientèle. L'Américain qui « fait de l'argent » n'a pas le temps de dessiner amoureusement, à la douce lueur de la lampe familiale, les plans de sa future demeure, d'en discuter le style sur la base de ses souvenirs ou de ses études artistiques. Il lui faut du tout fait, presque du tout meublé, achetable clefs en poche. On doit rendre cette justice aux architectes américains que leur effort est digne d'éloges. Nulle part on ne voit l'infâme cube en meulière, en brique ou en agglomérés qui désole notre banlieue parisienne. Toutes les villas à vendre de la côte californienne — et en général de tous les nouveaux quartiers des villes américaines que j'ai visitées et qui procèdent du même principe d'extension — sont charmantes, engageantes, jolies, de styles convenant à leur ambiance, avec d'heureuses trouvailles décoratives, des adaptations intelligentes aux nécessités du climat comme aux traditions mêmes du pays. Pas de donjons gothiques, pas de Henri II suivant l'esthétique des contemporains de Mme Boucicaut, mais des rappels de la blanche simplicité des missions espagnoles, de longs toits comme on les aime au pays basque, des cottages britanniques, des *bungalows* anglo-indiens, du normand aux lattes apparentes, tout cela étudié, fondu avec un souci d'art évident. L'Amérique a des peintres et des sculpteurs d'une incontestable valeur, que nous connaissons mal, car, n'étant pas pourris par la démence contemporaine et travaillant normalement, ils n'offrent aucun attrait de curiosité cosmopolite. Il est donc très difficile de se faire une idée même approximative des résultats d'ensemble en ces domaines. Il en est autrement de l'architecture, dont les travaux sont partout exposés. En dehors même du tour de force technique, les gratte-ciel ont peu à peu trouvé la beauté des lignes et des volumes et forcent l'admiration. Les demeures particulières, y compris les maisons ouvrières, ont une séduction extérieure qui fait le plus grand honneur à la jeune école dont la France a bien souvent formé le goût. Il était peut-être normal que ce peuple constructeur fût attiré plus spécialement par ce département des beaux-arts, mais il n'était pas écrit qu'il y dût réussir si parfaitement.

Pour ne quitter ni la route américaine ni le chapitre de l'art, je verserai par contre quelques larmes sur une des plus affreuses trouvailles du génie publicitaire transatlantique, je veux parler des monuments de plâtre ou de carton-pâte (je n'ai ni touché ni gratté) que des sculpteurs fabriquent pour divers produits et que l'on édifie sans autres formalités aux carrefours. Ici, c'est une automobile grand sport penchée dans un vertigineux virage sur un socle dont Jules Ferry serait jaloux. C'est la réclame d'une essence. Là, c'est une vache gigantesque flanquée d'une laitière et d'une fillette. Plus loin, des tritons qui recommandent un beurre évidemment salé, un éléphant peinturluré de vert qui doit attirer l'attention sur un magasin de nouveautés. Il n'est pas jusqu'ici un hôtel qui n'ait statufié son portier porteur de valises. Le chevalier Saint Georges, sur son palefroi piaffant, transperce un dragon. C'est la publicité allégorique d'un pharmacien dont les produits terrassent le mal.

La statuaire est un art noble mais dont jusqu'ici l'utilisation industrielle était problématique, à l'exception des dessus de pendule et des presse-papiers. Les monuments américains sont un débouché inattendu pour les gâcheurs de plâtre, mais c'est simplement terrifiant. Dans un pays qui cultiverait l'humour et en aurait les moyens, on pourrait obtenir de bien réjouissants résultats.

Ces cartonnages, qui sont peut-être des enfants perdus du cinéma, contribuent à donner à cette étincelante côte californienne, encombrée de panneaux-réclame et livrée fiévreusement aux entrepreneurs de bâtisses, une apparence d'exposition universelle en gestation. Les *camp grounds,* les *cabins,* refuges des automobilistes à la bourse plate ou ennemis des palaces, les débitants d'*ice cream* et de *soda,* les restaurants en planches et en torchis qui débitent des *hot sandwiches,* des *quick luncheons,* des *5 points lunch;* les dépôts de ravitaillement d'essence, les *service stations* peinturlurés de couleurs hurlantes ont ce même caractère de fête éphémère. On cherche les tourniquets et les marchands de programmes.

Les voûtes d'eucalyptus géants qui ombragent tout à coup la route rendent à la poésie ses droits. On découvre, dans la verdure, d'idéales demeures ceinturées de rosiers; San-Bruno, San-Carlos, San-Mateo, Palo-Alto sont des noms dont on veut se souvenir, avec l'éternellement vain espoir des errants de ce monde, celui d'un éventuel retour. Leur hispanisme leur donne une patine qui charme nos cœurs latins. Il semble qu'à ce minuscule balcon, dans l'encadrement de cette étroite et haute fenêtre dessinée hardiment à l'angle de la grande façade blanche par quelque Olegario Junyent en veine de fantaisie décorative, va paraître une Andalouse mordillant des œillets poivrés. Mais l'auto roule, sans bruit, à belle allure, et l'on est déjà loin. Peut-on, en Amérique, s'arrêter jamais?

Oui, il y a bien, aux portes de la ville, près d'un faubourg qui porte, je crois, le nom de Colma, un parc merveilleux dont les grands arbres s'inclinent vers des pelouses tondues de frais. De quel roi industriel est-ce la demeure? Est-ce son nom que les jardiniers ont dessiné, en plans pressés de géraniums, de bâtons d'or, d'asters et de dahlias, au milieu du parterre élevé qui fait face à la route? *Eternal Home.* Sur le mur, en contrebas, l'œil saisit une autre inscription : *Home of Peace.*

Est-ce parce qu'ils ont la publicité dans le sang que les Américains font de la réclame même à un cimetière? Y a-t-il peut-être une nécropole concurrente? Est-ce pour donner aux passants, qui ont le pied sur l'accélérateur, la satisfaction de supputer l'agrément de leur dernier logis? Est-ce parce qu'il faut tout définir, tout cataloguer, limiter les efforts de l'imagination ? Est-ce simplement par juvénile sentimentalité ?

D'ailleurs, cela ne choque pas. L'Américain n'est ni morbide ni révolté. Il a confiance dans l'éternel devenir. La mort est la fin naturelle de sa course éperdue dans la lumière.

A L'ARRÊT DE SANTA-ROSA

Sur la ligne dentelée des sky-scrapers de San-Francisco, les réclames fulgurantes du Wellman Coffee et d'une marque de peintures et vernis affirmant qu'ils « couvrent le monde » sont les dernières qui se détachent dans le crépuscule vaporeux. Les mille petites fenêtres illuminées des buildings gigantesques donnent l'impression de feuilles de papier quadrillé dont une épingle méthodique aurait percé des groupes de carrés devant des bougies.

Avec l'ondulation de ses sept collines et l'étendue de son front de mer, la ville — dont Kipling a dit que le seul défaut était qu'on avait peine à la quitter — a moins de majesté babylonienne que New-York, mais elle a plus d'attrait. Cette grande baie ceinturée de lumières, avec ses îles boisées que la nuit descendante orientalise, appelle les effusions romantiques. A l'arrière du ferry-boat qui glisse sans bruit vers Sansolito, je regarde cette féerie qui s'éloigne. C'est un soir d'été prodigieux, un soir à mandolines éoliennes et à confidences insensées qu'aucun appel de sommeil n'est censé pouvoir jamais étouffer. Tous les vieux rêves de jeunesse réapparaissent, tels des amis ressuscités : escales imaginées, aventures irréalisées et poèmes qu'on n'a pas écrits.

San-Francisco et Oakland ne sont plus que de toutes petites lignes lumineuses qui tremblotent au ras de l'eau.

C'est fini.

La course à travers le nouveau monde reprend.

La dernière journée a été fatigante. Au débarcadère de Sansolito, le nègre du Pullman est prié de ne pas attendre davantage pour rabattre les plafonds d'acajou plaqué et accrocher les gros rideaux de reps vert-bouteille.

On a prévenu notre mentor que, vers minuit, à la gare de Santa-Rosa, des fermiers doivent nous offrir une ou plusieurs corbeilles de ces fruits cananéens dont la Californie tire une gloire légitime. Des ronflements, dont on a peine à distinguer s'ils sont lettons ou espagnols, indiquent très vite que les agriculteurs de Santa-Rosa ne recevront pas les remerciements verbaux de toute la délégation de journalistes européens. En fait, nous ne serons plus que deux, Smogorzewski et moi, la Pologne et la France, pour apparaître à la coupée du wagon.

Sur le quai de la gare silencieuse, il n'y avait point Schammua, Schaphet, Caleb, Jigual et les huit autres explorateurs bibliques succombant sous le faix de ceps monstrueux et de grenades grosses comme des ballons de football, mais trois messieurs en chapeaux de paille et qui ne portaient aucune bourriche. Nous leur exprimâmes notre gratitude pour la manifestation de courtoisie dont ils avaient pris l'initiative en venant nous saluer à cette heure tardive et excusâmes nos camarades endormis. La conversation fut cordiale sans que notre soif, déçue par l'absence des oranges escomptées, intervînt pour en atténuer l'agrément. Comme le train allait s'ébranler, après l'obligatoire échange de discours plus formalistes, l'un de ces trois messieurs, représentant l'édilité et la chambre de commerce locale, nous tendit douze grandes enveloppes et douze diplômes soigneusement roulés.

Nous examinâmes avec curiosité, dans le lavabo-fumoir, dès que le convoi fut reparti, les exemplaires qui nous étaient destinés. Le don était caractéristique et touchant.

Pour commencer par le diplôme que nous avions

pris, en le dépliant hâtivement, pour un certificat de citoyenneté d'honneur, ou quelque chose d'équivalent, c'était tout bonnement la reproduction, estampée dans une de ces feuilles de papier doré dont on enveloppe au nouvel an les marrons glacés, du grand sceau de l'Etat de Californie avec une notice explicative racontant qu'il avait coûté mille dollars à établir, qu'il avait été dessiné par le major Garnett, qu'il avait été présenté en 1849 à la Convention constitutionnelle par un M. Lyon qui portait le prénom de Caleb, — comme le chef de la tribu de Juda que Moïse avait envoyé au pays de Canaan, — et expliquant les clairs symboles imaginés par le graveur. Un mineur frappant le roc (les veines d'or du Sacramento), des navires (le commerce maritime), des épis et des fruits (l'agriculture). Minerve, notoirement connue comme étant sortie tout armée du cerveau de Jupiter, signifiait que l'Etat de Californie n'avait, comme elle, pas eu à subir la parturition que la Constitution américaine désigne sous le nom de « Territoire ». La devise Eureka pouvait, disait la notice encadrant, en italiques de 12, le grand sceau collé sur une faveur bleue de roi au-dessus de trois pavots, fleurs de l'Etat, reproduite en ardente chromolithographie, s'appliquer soit au principe administratif de l'Etat, soit aux prospecteurs à l'œuvre.

Cette image didactique, avec son en-tête ombré en fines hachures grises — State of California, Department of State — donnait assez bien l'illusion, en faisant abstraction des pavots, empruntés au catalogue en couleurs d'un marchand de graines, d'un diplôme de décoration exotique. Sans les pavots, on pourrait se servir de ce majestueux document pour passer en franchise un millier de cigarettes dans les trois quarts des bureaux de douane de la planète. Le plus amusant est que cette reproduction, vraisemblablement tirée à des milliers d'exemplaires, était solennellement datée au composteur et portait les signatures d'hommage de M. Frank Jordan, secrétaire d'Etat, et de M. J. H. Kirkpatrick, secrétaire de la chambre de commerce de Santa-Rosa.

La grande enveloppe contenait une attendrissante photographie 18 × 24.

Au pied d'un cèdre, dont les souples branches touchaient terre en une grâce de cascade, un vieillard était agenouillé sur un coussin de velours, un beau vieillard à l'abondante chevelure blanche, au masque fin et énergique. Devant lui, une jeune fille, le front et la taille ceints de roses et de marguerites et vêtue plus ou moins à l'antique malgré un apparent bracelet-montre, plaçait une couronne de feuillage au-dessus du chef vénérable. On croyait entendre les sacramentels « Ne bougez plus. » « Merci. »

Sur le papier de soie protégeant l'épreuve, il était dactylographié que Luther Burbank, le fameux naturaliste, avait voulu se faire photographier ainsi, au pied du cèdre du Liban qu'il avait planté devant sa maison, qu'il s'était mis à genoux pour symboliser l'humilité de son existence et que la couronne avait été faite de plantes acclimatées par lui en Californie, notamment dans ce territoire de Santa-Rosa, où il avait vécu cinquante années, qu'il avait enrichi et où il était mort en 1926.

En vérité, le placard au rond de papier doré et la photographie du savant couronné valaient mieux que des oranges même gigantesques ou des pamplemousses d'exposition d'horticulture, car ces deux documents donnaient à l'esprit une nourriture bienvenue.

Cette Amérique que l'on nous présente si souvent sur la foi d'aspirateurs de poussière perfectionnés, d'ascenseurs éclair, d'automobiles en série et de stars de cinéma gagnant 1.000 dollars par jour, comme une nation affranchie galopant à des longueurs de seul survivant du grand steeple, devant les nations éclopées d'Europe, est un brave petit pays — les kilomètres carrés ne font rien à l'affaire — où Charlotte et Werther ne sont pas démodés, où, sous un très léger vernis d'extravagance et de fanfaronnade, transparaissent les plus solides qualités de générosité de cœur, de simplicité, d'idéalisme. Le bluff, c'est une timidité qui a peur de se révéler. La fortune industrielle a détraqué le synchronisme entre la vie intérieure et la vie sociale. Mais la prétention à la maturité ne s'accompagne pas d'un scepticisme dédaigneux. Avec l'assurance que donnent les capitaux, on édifie des masses de choses, mais l'on demeure à l'aguet du « qu'en dira-t-on? » Les interviews — certificats que l'on sollicite des voyageurs étrangers — ne sont pas des *fishing for compliments*, mais une manière de contrôle. On veut être sûr d'être dans la bonne voie, d'avoir fait ce que les gens d'un certain *standing* sont tenus de faire pour tenir leur rang. Pour le reste, on se laisse aller à l'instinct, on ne discute pas la qualité des plaisirs et des joies, la valeur esthétique des manifestations et des gestes.

Racontez à un Américain les fêtes du 20 prairial an II, décrivez-lui les conventionnels, Robespierre en tête, s'avançant, de l'amphithéâtre des Tuileries au Champ de Mars, un bouquet de fleurs et d'épis à la main; récitez-lui, si votre mémoire est bonne, quelques strophes de l'hymne de Desorgues à l'Etre Suprême :

Dissipe nos erreurs, rends-nous bons, rends-nous justes,
Enchaîne la nature à tes décrets augustes,
Règne, règne au delà du tout illimité,
Laisse à l'homme sa liberté!

Votre auditeur, neuf fois sur dix, manifestera de l'enthousiasme. Tout le symbolisme lyrique, toutes les apothéoses spectaculaires le raviront.

Luther Burbank, naturaliste de génie qui, parti des théories darwiniennes sur la domestication des plantes, a, pendant un demi-siècle, réalisé des prodiges et donné aux cultures californiennes un essor vraiment extraordinaire, était bien au-dessus de la puérilité d'un tableau vivant consacrant sa gloire. Mais l'homme de science n'avait pas étouffé l'Américain. L'idée ne suffisait pas; il fallait l'image, le témoignage photographié.

Cela correspond au goût des masses pour la matérialisation de la pensée, matérialisation qui va de la procession pieuse à la cavalcade de mi-carême. Notre civilisation occidentale n'est pas libérée de ces manifestations primaires. La seule différence d'avec le nouveau monde est qu'on les rencontre là-bas dans des milieux où on ne les attendait pas.

Mais pour comprendre et respecter ce qui nous incite à sourire, il faut se souvenir de la merveilleuse épopée des pionniers de l'Ouest américain, du gigantesque effort qu'ils ont fourni et qu'ils fournissent encore. Quand l'action vous soulève et vous emporte dans une sorte de tourbillon étincelant, on n'a ni le loisir ni le goût d'imaginer le point de vue de Sirius et encore moins l'opinion du docteur Pangloss. L'Américain « standard » est justement et honnêtement fier de son œuvre, avec la satisfaction d'un résultat adéquat à son labeur, mais il ne ratiocine pas plus qu'il n'analyse. Et comme nous sommes habitués au parallélisme du progrès mécanique et de la culture de l'esprit, comme nous imaginons que notre paysan gravit un échelon intellectuel en remplaçant la chandelle par l'ampoule électrique, nous voulons qu'un fermier américain, parce qu'il a une salle de bain, une lessiveuse automatique et toutes sortes d'autres appareils perfectionnés, ait la mentalité d'un polytechnicien. C'est à cette erreur initiale que sont dus la plupart des faux jugements que nous portons. Si l'on fait abstraction des chauffe-bains, des *vacuum cleaner,* des laveuses à turbine, des *refrigerators* et de tout le reste de cet outillage domestique dont rêvent nos ménagères en mal de servantes, l'évolution vers l'intellectualisme de la spiritualité est aussi lente des deux côtés de l'Atlantique, et il ne faut pas demander plus aux uns qu'aux autres. Cet Ouest américain, dont à peine une génération d'hommes a fait la prospérité, ne peut offrir que ce qu'il a créé. Alors, en y réfléchissant, l'hommage de la reproduction du sceau de l'Etat à titre de souvenir prend une particulière valeur. « De cet immense pays qui n'était qu'une possibilité, nos parents ont, en 1849, il y a tout juste quatre-vingts années, fait un Etat, ils ont ajouté une étoile aux trente étoiles de l'Union. C'est tout notre passé, mais il est grand et nous en avons l'orgueil. »

Ces constructeurs se sont attachés à des symboles, aux coquelicots d'or, fleur de l'Etat, comme au grizzly qui décore leur drapeau, avec la foi et la force de la jeunesse. Après tout, pourquoi ne les envierait-on pas?

Demain, au petit jour, nous arriverons dans la ville symbole qui s'appelle Eureka.

Essayons de dormir dans l'intervalle des coups de tampon sismiques des manœuvres dans les gares, le plus inconcevable défaut de l'exploitation ferroviaire américaine.

LE REDWOOD EMPIRE

Celui qui a découvert le site où s'élèverait Eureka sur la baie de Humboldt ne fut pas un mathématicien tracassé par un problème jusqu'en son bain — et heureusement jusque-là — mais quelque homme d'affaires, négociant en bois ou entrepreneur de tourisme, penché sur une carte. L'exclamation d'Archimède étant la devise de l'Etat de Californie, il est possible que ce nom ait été réservé à cette localité nouvelle sans autre souci que de lui en attribuer un. Pendant la Révolution française, on débaptisait et rebaptisait sans méthode particulière, et je n'ai jamais pu découvrir pourquoi ma ville natale de Montivilliers s'appela un beau matin Brutus-la-Ville. En tout cas, Eureka n'a rien d'exceptionnellement mystérieux ni d'exceptionnellement pittoresque et je ne garde le souvenir que d'une bibliothèque Carnegie plaisante comme un palais de petit maître sous Louis XV, d'une voyageuse parée de vert, du chapeau aux souliers en passant par les gants et les bas à croire qu'elle voulait se confondre avec la forêt, et d'un *Inn* dans le style des Tudor où les servantes du *breakfeast* très matinal tinrent à justifier l'annonce de la direction : « *An attractive service policy* » en reremplissant inlassablement nos tasses de thé ou de café, en nous gavant de *grape-fruits*, d'*eggs and bacon*, de framboises et de crème fraîche, et en s'informant, avec des sourires de femme du monde, de notre santé et de nos impressions. Je ne sais dans quelle école spéciale se forment ces tenantes d'une « politique de service attractif », mais je n'avais encore jamais rencontré cette gracieuse discipline dans aucun hôtel de la planète.

Copieusement lestés pour une randonnée de quelques centaines de kilomètres, pourvus, par les soins de M. R. J. Wade, secrétaire de la chambre de commerce, d'un pot à tabac tourné dans une bille de bois rouge millénaire, un peu encombrant pour certaines poches, nous prîmes place dans un autocar de grand tourisme, sous le vocable de Pickwick, tout aussi inattendu pour une entreprise de coche que le sont, ethnographiquement, les noms d'Orléans, Sisson, Béatrice, dont sont parées les localités de la région.

L'institut d'Upsal, qui s'est donné pour tâche de sonder les mystères de la toponymie européenne, aura du travail distrayant quand il étendra son champ d'étude au Nouveau-Monde. Tout ce que j'ai pu découvrir, c'est que Trinidad, l'un des points les plus pittoresque de la côte, semé d'écueils auréolés d'écume à la mode de Bretagne, est ainsi appelé parce que là débarquèrent les premiers explorateurs de la région, le jour de la sainte Trinité de l'an 1775, c'est-à-dire le 15 juin.

Ce que l'on doit nous faire admirer aujourd'hui, c'est le cœur du *Redwood Empire,* cette immense forêt de sequoias dont le Bohemian Club de San-Francisco nous avait donné une première et inoubliable impression. Se sentir, pendant toute une journée, de la famille du Petit Poucet ou cousin de Gulliver dans le jardin du laboureur de Brobdingnac ne peut que difficilement s'exprimer. C'est d'une beauté grandiose et humiliante. La route, ingénieusement tracée, fait des crochets heureux vers la corniche marine, rentre sous bois, nous ramène d'une lumière d'aquarium à un éblouissement méditerranéen et vice-versa; et l'on roule, à une allure de circuit de régularité, sur un large ruban rose. Nos facultés de réceptivité ont-elles des limites ou notre esprit, dans cette randonnée à travers l'Amérique, s'est-il habitué à tout au plus échantillonner? Toujours est-il qu'après quatre heures de défilé entre des troncs d'arbres qui donnaient déjà de l'ombre mille ans avant Jésus-Christ, on laisse tomber son menton sur sa poitrine, ne serait-ce que pour regarder une montre annonciatrice approximative du lunch.

Le petit port de Crescent City, découvert au loin comme nous débouchions sur une splendide et audacieuse falaise, nous parut le havre culinaire espéré. Mais, à la déconvenue évidente de l'hôtelier et de ses garçons, accourus sur le pas de la porte à l'approche de notre caravane, — comme à la nôtre, — nous fîmes un tour de ville par trois rues à angle droit, histoire de constater que les habitants jouissaient de jardinets devant leurs bungalows, et nous repartîmes vers l'ombre de la forêt. Il était près de deux heures de l'après-midi et les *grape-fruits, eggs and bacon,* framboises et crème fraîche de l'*Eureka Inn* avaient perdu toute vertu apaisante.

A une dizaine de kilomètres de là, l'autocar dut ralentir son allure. La route rose était devenue d'un bel ocre de terre fraîchement remuée, mais elle était encombrée d'automobiles arrêtées. Une forte odeur de friture montait aux narines. Nous stoppâmes. Des messieurs à brassards s'avancèrent. Ils nous annoncèrent qu'on n'avait pas pu nous attendre pour inaugurer le nouveau pont d'Hiouchi sur la rivière Smith, mais que nos places étaient réservées au banquet officiel, qui d'ailleurs se terminait. Nous mîmes pied à terre. Les propriétaires des autos arrêtées pic-niquaient à l'entour; un cuisinier-pâtissier, en bonnet blanc, débitait des rafraîchissements et des victuailles sur des tréteaux entoilés de bleu, de blanc et de rouge et, à l'arrière-plan, un assemblage de poutrelles en fer, rivées suivant le modèle classique des boîtes de « mécano », indiquait la voie nouvelle que l'initiative humaine venait d'ouvrir dans la forêt vierge. On applaudit notre descente, sur un tronc d'arbre renversé, vers les tables et les bancs officiels. Un soleil sénégalais avait plus que préparé les ronds de beurre dans leurs soucoupes d'aluminium à se muer en sauce béarnaise et les photographes détournèrent notre attention de l'hostilité des poulets.

Des édiles nous brisèrent quelques phalanges avec cette sportive et redoutable cordialité des travailleurs manuels bons enfants. Il fallut nous lever à tour de rôle et vider un gobelet d'eau tiède à la santé de nos hôtes.

L'inauguration de ce pont était un grand événement local auquel on était heureux et fier de nous associer.

Je ne serais pas surpris si l'annonce de notre présence en Californie avait donné lieu à toute une correspondance confidentielle avec l'excellent M. Cauvin, auquel la fondation Carnegie nous avait confiés et si tout avait été combiné pour assurer la présence de douze journalistes européens — exceptionnelle aubaine — à cette fête, dont la date dépendait peut-être de notre passage. Comme disent les héros de mon ami Francis Carco, « le coup était régulier », et je suis même disposé à admirer joyeusement — sans le moindre regret d'avoir été condamné au beurre liquéfié, au *chicken* desséché et aux affres de la soif insatisfaite — tant d'ingéniosité et de volonté publicitaires.

Evidemment M. Geo W. Howe ne comptait pas sur nous pour prôner en Europe le lotissement de 90 hectares de terrains qu'il possédait en bordure de rivière, à proximité du nouveau pont, et dont il vantait, dans un beau plan-souvenir, l'agrément pour des villégiatures estivales.

Mais les feuilles californiennes raconteraient que les représentants des plus grands journaux du vieux monde s'étaient spécialement déplacés pour assister à cet événement sensationnel et leurs lecteurs les croiraient. C'était là que résidait l'astuce.

Mais je suis peut-être trop méfiant. Je me demande

toujours si le machiavélisme d'ailleurs inoffensif qu'on prête aux Américains n'existe au fond que dans notre imagination hypertendue. Peut-être a-t-on dit tout simplement à M. Cauvin : « Essayez d'amener vos journalistes européens. Cela nous fera plaisir et nous flattera de les avoir », sans arrière-pensée. Les deux hypothèses sont vraisemblables. Elles peuvent même se confondre, tant l'utilitarisme est inconscient et naturel chez ce peuple laborieux.

Après la « collation de théâtre », nous traversâmes le pont au ralenti pour admirer la rivière, sauvage à souhait entre ses hautes rives boisées, et nous nous arrêtâmes quelque cent mètres plus loin sur l'autre rive, au pied d'un *redwood* géant. MM. Briand et Kellogg devaient nous bénir en pensée, car nous allions consacrer cet arbre non à la liberté comme en 1792, mais à la fraternité universelle.

Des cinémas filmèrent cette cérémonie, en terminant leur bande par une vue panoramique verticale — si j'ose accoler ces deux adjectifs — de l'arbre-symbole depuis ses racines qui plongent dans les entrailles de la terre jusqu'à sa cime qui se perd dans les cieux. Pendant trois mille ans rien n'avait entravé sa splendide croissance. Puisse la paix future... Nous n'en demandions pas tant.

Cette dédicace à la paix internationale d'un arbre d'une lointaine forêt californienne peut sembler un peu vaine, mais elle correspond à l'idéalisme lyrique du Nouveau-Monde et à cette horreur frénétique de la guerre qu'éprouvent tous les Américains. Tous ces ex-Européens, de vieille ou de récente date, veulent convertir à leur évangile épicurien les hérésiarques que nous sommes restés. Ils croient sincèrement à notre bellicisme invétéré et en sont désolés. Eux sont venus ici pour ne connaître d'autre lutte que celle du labeur. Ils nous convient à imiter leur exemple et à en connaître les bénéfices. La dédicace de l'arbre était une manière de prêche à notre intention. Il fut court. Cela ne nous empêcha point de nous endormir dès le départ de l'auto-car, mais la chaleur étincelante, le manque d'air et trois cents kilomètres portaient seuls la responsabilité de cette invincible somnolence.

La randonnée à travers l'étonnant *Redwood Empire* se termina à Grants-Pass où la route rejoint la voie ferrée. Nous avions deux heures à perdre avant le passage du rapide de Portland. Nous fûmes lire des journaux et confier quelques messages à des cartons coloriés d'assez médiocre qualité. Il est à noter qu'en ce pays où les procédés techniques de l'impression sont *up to date,* la carte postale est singulièrement négligée. Les chromolithographies aux repérages approximatifs, les vues dépourvues d'intérêt restent la marchandise exposée, même dans cette région de grand tourisme, l'une des plus extraordinaires de l'Ouest américain sinon du monde entier. Est-ce l'offre qui crée la demande ou le public qui aiguillonne le fabricant? Aux Etats-Unis, où la publicité impose les produits, je croirais volontiers que la carte postale artistique en rotogravure fait défaut simplement parce que le touriste est de culture peu exigeante.

Pour ne point quitter ce domaine graphique je philosopherais volontiers sur le succès des séries de petites photographies de format et de genre amateurs qui peuvent donner l'illusion d'avoir été prises par le touriste lui-même. C'est un encouragement au mensonge.

C'est aussi une application de cette mécanisation de tous les gestes de la vie qui est, à mon sens, le plus grand danger que fasse courir à l'individualité humaine la civilisation américaine. Prendre un cliché requiert un effort intellectuel, la recherche du point de vue, le calcul de l'éclairage et du temps de pose. C'est aussi courir un risque, celui de l'insuccès. Acheter des épreuves aussi parfaites que vous le pourriez rêver vous dispense de tous ces soucis.

Certes il vaut mieux rapporter de voyage un album impeccable que d'avoir l'instructive mais désagréable surprise d'un déchet dont les raisons sont scientifiquement cataloguées : surexposition, sous-exposition, double exposition, cliché bougé, etc. Mais quel levain d'évocation subsiste-t-il dans les parfaites épreuves impersonnelles? Une pauvre petite image grise où l'on devine une silhouette aimée dit tellement plus de choses!

Notre correspondance terminée, nous errâmes dans Grants-Pass, agglomération américaine typique, se composant d'une grande rue large comme l'avenue de l'Opéra, bordée de garages et de petits cubes blancs en carton-pâte. Il faut avoir vu ces fragiles constructions pour réduire à leur juste valeur les terrifiants câblogrammes transatlantiques annonçant qu'une tornade a emporté une ville sans crier gare.

Les devantures étaient plus utilitaires que frivoles. On sent que la clientèle se soucie davantage d'ustensiles de ménage et de matériel agricole que de sacs à main en faux crocodile.

Cinq personnes, un jeune homme et quatre jeunes femmes, arrêtées à l'angle de la grande rue, devant un magasin, et tournant le dos à la chaussée, attirèrent notre attention. Ils psalmodiaient et priaient à haute voix, sans se soucier le moins du monde des passants qui manifestaient une indifférence d'ailleurs équivalente.

Pourquoi cette jeunesse en tenue estivale avait-elle choisi une devanture d'accessoires d'automobiles dans un immeuble abritant un dentiste au premier étage pour y faire une confession publique et y lancer un appel à la repentance? Ce choix ne correspondait vraisemblablement à rien. Ces braves gens faisaient simplement pénitence dans la rue, n'importe où.

Cette vision me fit souvenir qu'à Eureka, cité de 20.000 habitants, le syndicat d'initiative insistait sur le fait que la ville possédait dix-neuf églises « embrassant toutes les dénominations religieuses de quelque importance (*well known*) » et trois cinémas.

Comment la mentalité salutiste, née de l'horreur oppressante des *slums* londoniens, avait-elle pu gagner un pays tout neuf, naturellement sain, où il semble qu'il suffit d'ouvrir sa poitrine et ses yeux pour être pur et bon?

Les besoins intellectuels négligés trouvent-ils dans le mysticisme leur seule satisfaction? On m'avait déjà dit que le problème religieux est aux Etats-Unis le plus difficile à résoudre pour un observateur étranger. M. André Siegfried en a fait un des chapitres essentiels de son magistral ouvrage. M. Lechartier, autre notable américanisant, en discute les conclusions. Certains prétendent que Sinclair a exagéré en faisant de son dernier héros, le pasteur canaille, un type américain, et d'autres prétendent qu'il en existe de tels.

En vérité, les Etats-Unis sont un immense champ d'expérience où tous les spécimens de l'humanité contemporaine se peuvent rencontrer. La seule question est de savoir à quel moment on est en droit de généraliser.

Je ne tirerai donc point de conclusion du pénitent et des quatre pénitentes — dont l'une avait de fort jolies jambes gainées de soie et de petits souliers blancs à hauts talons bottier — qui s'humiliaient devant des volants en ébonite, des klaxons et des phares « Code-de-la-route » !

Au crépuscule, nous prîmes le train pour Portland.

PORTLAND

Si vous désirez des précisions sur la vingt-quatrième ville des Etats-Unis par ordre de densité de population (354.608, recensement basé sur les compteurs d'eau, d'électricité, les abonnés au téléphone et la fréquentation scolaire), le onzième port quant au tonnage commercial, le troisième de la côte du Pacifique, le premier du Pacifique nord-ouest et l'un des « grands six », avec New-York, Los Angeles, la Nouvelle-Orléans, Houston et San-Francisco, pour l'exportation, écrivez à l'

Advertising and Promotion Department
of the
Portland Chamber of Commerce
4th and Pine streets, Multnomah Hotel Building
Portland, Oregon.

La documentation dont dispose cet organisme de propagande est un modèle de présentation et d'intelligence. On ne peut pas espérer mieux. Je n'ai ni l'intention ni la place de faire étalage des statistiques qui m'ont été si gracieusement fournies.

Quand j'aurai noté que Portland exportait en France, en 1913, pour 146.100.000 dollars et, en 1924, pour 231.664.000, soit plus de 7 milliards de francs, j'en aurai assez dit pour faire apprécier l'importance économique de cette métropole des bois, de la farine, des pommes, de la laine, des conserves de fruits et de bien d'autres produits que 1.678 steamers, jaugeant 4 millions 642.000 tonnes, emportent aux quatre coins du monde. Il y a de la place dans 411 hôtels (14.000 chambres) pour tous les touristes et commis voyageurs désirables, 65 théâtres — bien que je n'en aie découvert que 14 sur le plan de la ville — pour les distraire, 43 hôpitaux pour les soigner et 398 églises, suivant le major George L. Baker (255 seulement, suivant la chambre de commerce) pour avoir charge de leur âme.

C'est une grande ville, à cheval sur la rivière Willamette, près de son confluent avec le fleuve Columbia, entourée de collines sur lesquelles s'étagent d'adorables villas enfouies dans des buissons de roses. Elle a une statue équestre de Théodore Roosevelt, des monuments d'Abraham Lincoln, de George Washington, de Thomas Jefferson, de Jeanne d'Arc — ce qui ne saurait nous être indifférent — et d'une autre jeune Française par mariage, Sacagawea, l'intrépide petite épouse indienne du trappeur Toussaint Chaboneau, qui fut l'interprète de Lewis et Clark, que Thomas Jefferson envoya à la découverte de la côte ouest en 1805.

Le bronze l'a immortalisée ici, portant sur son dos son fils Baptiste Chaboneau, le premier enfant blanc qui ait franchi les Montagnes Rocheuses et ait trempé ses petons roses dans le Pacifique.

Cela n'a l'air de rien, mais cela fait tout de même plaisir de penser que l'honneur de ce barbotage historique a été réservé à un petit Français.

Portland ne doit rien, quant à ses origines, aux fabriques de ciment du noble lord britannique du même nom. Le site appartenait en 1844 à deux Américains : Francis W. Pettygrave, originaire du Maine, et Amos L. Lovejoy, du Massachusetts. Ils tirèrent à pile ou face le droit au baptême de l'agglomération projetée. Pettygrave gagna et choisit Portland, en souvenir du port méridional du Maine qui est au sud de la baie de Gasco. Si Lovejoy avait vu la chance le favoriser, il aurait choisi Boston, ce qui en aurait fait un de plus aux Etats-Unis, car il y en a d'autres au Nebraska et en Virginie, comme il y a des « Paris » dans l'Arkansas, l'Idaho, l'Illinois, le Kentucky, le Maine, le Michigan, le Missouri, l'Ontario, le Tennessee et le Texas, appréciable hommage rendu à notre capitale, alors qu'il n'y a que quatre « Berlin » dans le Maryland, le New-Hampshire, le Wisconsin et le Nebraska, et cinq « London » dans le Kentucky, l'Ohio, l'Ontario, le Connecticut et le Wisconsin.

Il est peu probable que tous ces « Paris » aient été fondés par des émigrants du département de la Seine, bien que ce soit possible. Il est plus vraisemblable que l'évocation de notre capitale ait eu pour objet soit de rappeler symboliquement la France, soit d'indiquer que la nouvelle cité transatlantique avait l'ambition d'être, elle aussi, un jour la plus belle du monde.

Pour le grand tourisme, Portland est le point de départ d'excursions d'un vif intérêt scénique, dont les plus réputées sont celles du *Crater Lake* et celle de la route en corniche de la Columbia. Nous ne fîmes point la première, notre temps disponible étant en raison inverse de la distance à parcourir. S'il faut en croire les meilleurs témoignages, les eaux de cet immense lac qui remplacent la lave d'un volcan éteint auraient ces colorations étonnantes et chaudes qu'on ne voit que sur les chromophotographies zurichoises et les affiches du P. L. M.

La route de la Columbia ne se refuse aucun luxe, y compris des tunnels à loggias et des cascades majestueuses à rendre jalouse l'Helvétie. Il y a même, au pied de ces chutes d'eau, des chalets presque suisses où l'on vend de ces petits souvenirs, taillés dans le bois, l'écorce ou le cuir, pyrogravés et peinturlurés, de ces coupes et presse-papier décorés de paysages gouachés dont on ne signale la survivance, une fois l'été disparu, que sur des cheminées de concierge. La vogue de ces inutiles riens dans le Nouveau-Monde est de nature à encourager les fabricants européens qui escomptent la clientèle des voyageurs américains.

Cette promenade magnifique sur la rive gauche de la Columbia devait confirmer certaines de mes observations précédentes sur le caractère moutonnier de la majeure partie de la population. Elle est devenue l'esclave inconsciente du confort, dont on a fait son idéal, des commodités que l'Etat a mises à sa disposition. De même que l'Américain est devenu progressivement incapable de prendre tout seul un billet de chemin de fer et de faire enregistrer une malle, parce que les providentielles agences, qui se chargent de tout, l'en ont déshabitué, de même il ne lui viendra pas à l'idée qu'il peut manger son aile de poulet froid et ses oranges ailleurs que sur les tables rustiques aménagées sous bois par le syndicat d'initiative. S'éloigner du *parking* humain, affronter quelques pucerons sur un carré de mousse vierge, à cent mètres de là, dépasse son courage. Les gens s'entassent les uns sur les autres aux alentours des cascades du « Voile Nuptial », de Wahkeessa, de Multnomah, de « la queue du cheval », comme s'il n'y avait aucune place un peu plus loin pour le pique-nique dominical ou la collation d'après-midi de fête. Etant tous possesseurs d'autos, la distance ne compte pourtant pas pour eux. Mais l'ultimatum de la publicité touristique est de ceux devant lesquels ils s'inclinent. Ils s'arrêtent là où les booklets disent de s'arrêter, persuadés que les guides, ayant repéré tous les points de vue, tous les sites majestueux ou agréables, ils perdraient leur temps à tenter des découvertes individuelles. La conception de la beauté incataloguée parce que subjective, du petit rocher sans nom, plus impressionnant que le Matterhorn, par sa solitude dédaignée, de la clairière rendue plus miraculeusement poétique qu'une cathédrale de verdure par les trilles d'un rossignol n'est pas dans leur arsenal de sensibilité. Ils vont vers le plus grand, le plus beau, le plus célèbre, le plus connu, par cette déformation que le gigantisme industriel leur a fait subir.

Si l'on voulait entreprendre un redressement utile de la mentalité américaine et la ramener à l'individualisme générateur de joies, il faudrait encourager en elle un snobisme inverse, celui des petits maîtres « du second rayon » comme dit notre ami Emile Henriot, la détourner de la *Vénus de Milo* et de la *Victoire de Samothrace,* chiffrées en millions de dollars, pour l'aiguiller vers un masque mortuaire béotien ou un torse en terre cuite de Myrrina qu'on peut trouver, dans la rue des Babouches à Athènes, pour quelques-unes de ces vignettes où le portrait de Washington s'encadre des signatures de M. Fase et de M. Mellon.

Posséder en bien propre une minuscule mais unique œuvre d'art; aimer, dans un musée, une petite toile devant laquelle les caravanes ne s'arrêtent pas; dénicher un restaurant de cochers inconnu à Robert Burnand, à Curnonski ou à Marcel Rouff; découvrir, s'il est bon, un ouvrage dont aucun critique n'a parlé, et adorer une femme dont la photographie n'a jamais paru dans un magazine, sont des satisfactions dont je défie bien qu'on m'en cite de plus délicieuses.

Le sonnet d'Arvers est un bienfait dont on ne mesure pas assez l'étendue. C'est la charmante auberge à mi-côte où peuvent s'arrêter ceux qui manquent de souffle pour atteindre les 4.810 mètres du père Hugo, ou craignent le vertige des auteurs à arêtes et précipices.

En me conduisant vers les cimes, ma méditation me ramène à Portland. Son horizon, en effet, s'argente de sommets neigeux, le mont Saint-Helens (2.970 m.), le mont Adam (3.300 m.) et le mont Hood (3.584 m.).

Dans la spirituelle préface que M. Lucien Romier a consacrée au livre de M. André Lafond, *New-York 28,* l'éminent historien des guerres religieuses du seizième siècle parle d'un conflit entre Portland et Seattle à propos d'un quatrième sommet, le mont Rainier, qui dépasse les trois précédents avec 4.370 mètres. Portland a suffisamment d'autres griefs d'ordre économique contre sa rivale septentrionale, pour ne point lui chercher chicane à propos de neiges éternelles.

La lutte est entre Seattle et sa voisine Tacoma. Dans cette dernière ville on vous regardera d'un œil torve si vous parlez du mont Rainier. « *Calt it mount Tacoma!* » vous dira-t-on, et le portier de l'hôtel collera sur vos valises des étiquettes vengeresses, pour vous en faire souvenir.

A Portland on ne court aucun danger de ce genre. Le mont Hood « *the most beautiful moutain in America* » suffit à toutes les fiertés. Il s'élève en effet, isolé, majestueux, au-dessus d'une immense plaine de cultures multicolores et géométriques, comme une tapisserie modern-style, avec une grâce de Fusiyama.

La nature a été bienveillante et généreuse pour l'état d'Oregon. Chose appréciable, ses habitants font bénéficier l'étranger de leur gratitude. Ils sont charmants.

LA VILLE MIRACULEUSE : LONGVIEW

Si l'on veut comprendre et apprécier les qualités et les défauts de l'américanisme, il faut aller à Longview. Cette ville miraculeuse se trouve près de l'embouchure du fleuve Columbia, au nord de San-Francisco, entre Portland et Seattle. L'on doit s'y rendre sans rien savoir de son histoire, en touriste bénévole qui se laisse conduire où on désire le mener. Les révélations ultérieures y gagnent en piquant. Les rires rétrospectifs ont une qualité savoureuse.

Comme nous étions à Portland, on nous annonça que la journée du lendemain serait consacrée à la visite de Longview. Des automobiles viendraient nous prendre pour cette excursion. Notre programme, dont la fondation Carnegie avait chargé l'incomparable M. Cauvin de surveiller l'exécution, avait jusqu'ici été si parfaitement et intelligemment conçu que nous ne doutions point que Longview ne dût utilement accroître le bagage de nos connaissances et impressions américaines. Nous partîmes donc animés de la plus enthousiaste curiosité. La route, qui longe le fleuve, est pittoresque à souhait et le temps était magnifique.

Après plusieurs dizaines de kilomètres nous aperçûmes, sur notre droite, une agglomération que dominaient des cheminées d'usine, des *elevators* et des clochers de monuments publics. C'était Longview. Un pont de belle apparence nous fit traverser la Cowlitz, petit affluent de la Columbia, et, par une avenue impressionnante, aux plates-bandes bien peignées, que je ne saurais comparer qu'aux jardins du Champ-de-Mars, nous arrivâmes devant un palace, l'hôtel Monticello (200 chambres, eau froide, eau chaude, eau glacée, salles de bain à toutes les chambres, ascenseurs, etc., etc.), dont nous ne devions d'ailleurs connaître que les lavabos du sous-sol, car on ne nous jugea sans doute pas dignes d'en fréquenter la princière salle à manger et les glorieux salons, dont nous ne vîmes en effet que les photographies que l'on nous remit.

Cet hôtel, entouré de rosiers, de buis taillés comme dans les parcs à la française, ombragé de chênes et de sapins, offrait cette charmante particularité d'être isolé de toute autre habitation, et de s'élever au centre de pelouses impeccables comme celles d'un immense golf club.

Les mains lavées et les cheveux dépoussiérés, nous nous retrouvâmes devant l'hôtel. Il y avait là un groupe imposant de personnages des deux sexes qui nous attendait. Un speaker nous annonça que nous allions visiter les célèbres scieries de Long Bell et que la direction de cette compagnie s'était assuré le concours d'interprètes de toutes les langues pour nous accompagner. Cette attention était touchante, mais superflue car nous parlions et comprenions tous l'anglais. L'annoncer eût été contrister nos hôtes. Alors commença une cérémonie pittoresque. Les interprètes s'avancèrent, ayant sur la poitrine une pancarte précisant la langue qui leur était familière. Il y avait plus d'interprètes qu'il n'en fallait, car notre compagnie était loin de représenter toute l'Europe. Les interprètes allemands, scandinaves, tchéco-slovaques, hollandais, d'autres encore, demeurèrent sans clients, et certains de mes confrères eurent à subir des conversations fastidieuses d'ex-compatriotes, américanisés au point qu'ils avaient peine à les comprendre. M. Lechartier et moi fûmes par contre favorisés. Un vieux jardinier mulhousien, dont la préoccupation était de savoir si 25.000 francs (1.000 dollars) lui suffiraient pour aller revoir sa ville natale redevenue française, et un jeune ingénieur d'une pétillante intelligence nous furent de délicieux compagnons.

Pour nous rendre aux usines de Long Bell où nous fit prendre, au ralenti, le chemin des écoliers, afin de nous faire admirer la ville. Quand on nous annonça que six ans auparavant il n'y avait rien que des herbes folles là où s'élevaient maintenant les monuments et les maisons de cette merveilleuse cité, nous en éprouvâmes une surprise, tempérée par ce que nous savions, après un mois de voyage, de la rapidité constructive des Américains. Tout de même, six années ne sont pas beaucoup pour édifier, suivant les préceptes du plus moderne urbanisme, une cité modèle avec — je copie le prospectus — 2.561 villas privées, 75 *buildings* à appartements, 83 édifices en maçonnerie, 4 écoles (avec 85 professeurs et 2.800 élèves), 8 églises, 2 théâtres, 10 hôtels, 32 milles de rues pavées, 51 milles de rues encailloutées, 40 milles de rues éclairées à l'électricité, un journal quotidien tirant à 7.000 exemplaires, 3.071 usagers de la lumière électrique, 2.720 abonnés au téléphone, 72 milles de trottoirs bétonnés, 63 milles de conduites d'eau, 48 milles d'égouts, une bibliothèque publique de 11.000 volumes, un hôpital de 45 fenêtres de façade, etc., etc.

Et nous pouvions nous rendre compte que ce n'étaient point là des constructions à la Potemkine. La cathédrale gothique n'est pas en carton, pas plus que l'hôpital, dont le docteur W.-J. Mayo, l'extraordinaire animateur de l'usine chirurgicale de Rochester, a approuvé — éloge qui a son prix — les plans et l'installation. Le portique corinthien de la *high school* et sa tour majestueuse évoquent le dix-huitième siècle en Grande-Bretagne. Tout cela est solide, monumental et fait pour durer.

Ce qu'il y a de merveilleux ici, c'est que la ville a été construite dès l'origine sur un plan minutieusenent étudié. On a pu prévoir et répartir les diverses activités par quartier. Les boutiques ne viennent pas ompre l'harmonie des *bungalows* de résidence, un mmeuble de banque n'écrase pas des maisonnettes, et 'on ne risque pas de voir un charcutier s'installer dans 'immeuble voisin. Longview, c'est la réalisation magique de ces conceptions idéales que les jeunes archiectes reçoivent comme sujets de concours. Avoir un mmense espace vide et pouvoir y librement tracer les avenues, des promenades, des places publiques, des arcs, planter des monuments au mieux des perspecives, dire : « Là je mets l'hôtel de ville, ici la gare », oir tout cela se concrétiser ! Quel rêve ! C'est évidemnent étonnant. On a fait œuvres semblables déjà aux ndes pour la Nouvelle-Delhi, en Australie pour Camerra, l'arbitraire capitale fédérale; on l'a fait, en plus etit, pour certaines plages de nos côtes bretonnes; nais New-Delhi et Camberra sont des villes purement dministratives, et l'on ne saurait accorder la qualité le cités aux X...-les-Pins et Z...sur-Mer qui dorment, ortes de marmottes, neuf mois sur douze.

Grâce au merveilleux climat de la côte du Pacifique, t grâce également à notre compatriote le pépiniériste lsacien, les maisons de Longview, comme ses avenues, nt d'étincelantes parures, et tout respirait la prosérité et la joie de vivre.

De la scierie de Long Bell, je vous parlerai moins, ien qu'elle soit, dit-on, la plus grande du monde. Il st de fait que ses énormes roues dentées débitent, à n rythme impressionnant, des milliers d'arbres éculaires que le fleuve ou le chemin de fer viennent ivrer à leur voracité, que ses magasins et hangars ouvrent des kilomètres carrés, qu'une flotte de cargos mportent ces poutres, billes et planches aux quatre oins de la planète, qu'on y exploite le bois sous toutes es formes, y compris la gravure décorative par écraement, suivant le procédé Grainart, qu'on y prépare, ar standardisation, des portes et fenêtres d'un gabarit uniforme qui s'expédient démontées, les pièces étant numérotées, de la façon la plus pratique. On nous promena pendant deux heures au travers des ateliers, des docks, des magasins, on nous photographia devant une immense affiche où l'interdiction de fumer (*Vietato fumare, Nie wolno polic, Duhani esht i ndaluar, Næs fumes mais, Rogning forbudt*) était faite en vingt-cinq langues, y compris l'hébreu, le persan, le japonais et le chinois, en nous priant de désigner du doigt notre idiome respectif. Cela faisait un tableau d'une sensationnelle puérilité, mais répondant parfaitement à l'idéal des photographes de presse américains.

Il n'y eut qu'une déconvenue. Notre camarade letton, le ministre A. Bihlmans, qui déjà n'avait pas trouvé d'interprète devant l'hôtel Monticello, constata avec dépit que sa langue maternelle, qui sert pourtant de véhicule à une riche littérature, était moins considérée que le persan et n'avait pas trouvé place sur l'affiche de la Babel yankee. On avait voulu nous « épater » par la puissance polyglotte de l'administration de Long Bell. Un souriant citoyen de Riga ébranlait l'édifice. On nous offrit ensuite un lunch démocratique dans la cantine des ouvriers de l'usine, lunch qui se termina par des discours et l'octroi d'une immense enveloppe pleine de photographies, de brochures, de prospectus à la gloire de Longview, en voie de devenir le cinquième plus grand port de la côte du Pacifique.

Nous partîmes pénétrés d'une haute admiration pour l'élégance de cette cité de vingt mille habitants, si parfaitement entretenue, si joliment dessinée, où tout avait été prévenu pour l'heureuse existence matérielle — je n'ai pas mentionné les terrains de sport, le petit lac plus ou moins artificiel qui baigne les jardins du centre de la ville et toutes les autres grâces de la localité, — intellectuelle et spirituelle de ses habitants.

L'esprit d'initiative, la faculté de voir grand, dont les Américains tirent une gloire légitime, avaient réalisé là un chef-d'œuvre.

A quelque temps de là, je parlais de Longview à un ami californien. Il eut un sourire. « Ah! me dit-il, ils ont réussi à vous amener là, comme ils y ont amené la reine Marie de Roumanie... pour leur publicité! » Je me récriai et le priai de s'expliquer davantage. « Longview, continua-t-il, n'est qu'une ingénieuse entreprise de lotissement. Tout le terrain sur lequel a été bâtie la ville appartient à la Société de Long Bell. Pour attirer et garder les ouvriers de la scierie, il lui fallait créer une cité ouvrière. Elle l'a fait sur un plan grandiose de nature à séduire l'esprit parfaitement candide de notre population. Jusqu'ici, rien que de naturel et de légitime. Mieux valent de belles avenues, un tout à l'égout et une cathédrale gothique qu'un *settlement* de bicoques en torchis. Mais là où l'astuce a été grande c'est lorsque la société a fait de l'installation confortable de ses ouvriers une splendide opération immobilière. Elle leur a vendu au prix fort et avec l'invisible mais lourde chaîne du crédit, les lopins de terre et les alléchantes villas édifiées à leur intention. Le terrain primitif, dans ce vaste Etat de Washington encore en friche, n'avait presque rien coûté. Le lotissement urbain a largement remboursé les frais. La spéculation s'y est mise comme sur toute chose nouvelle. » — Je me rappelai alors cet entrefilet encadré de la revue *Longview Progress :* « Un terrain dans le quartier des affaires, au coin de Commerce Road et de Broadway, qui avait été payé à l'origine 10.000 dollars, revendu 15.000 trois ans après, a été acheté 30.000 dollars cet été (1928). » — « ...Les commerçants chargés de ravitailler en nécessaire et en superflu les ouvriers de la scierie ont agrandi leurs boutiques pour suivre le mouvement. — Oui, fis-je, mais il n'y a rien là d'anormal; les villes se fondent et s'accroissent autour d'une source de richesse, naturelle, industrielle ou commerciale. Les dirigeants de Long Bell ont su prévoir la fortune qu'ils apportaient au pays où ils venaient s'installer. Tout cela est sagement et intelligemment conçu. — Ce serait exact, me répondit mon ami, si cette source de richesse était inépuisable, mais nos procédés d'exploitation du bois dans l'Ouest américain sont d'une telle sauvagerie destructrice que, dans un certain nombre d'années, les scies de Long Bell n'auront plus rien de sérieux à se mettre sous la dent, si j'ose dire. — Et alors? — Alors, la scierie monstre fermera ses portes et ira s'installer ailleurs. — Et Longview? Longview, n'ayant plus de raison d'être, se videra, les négociants parasitaires s'en iront, il ne restera qu'un noyau d'irréductibles ayant perdu le courage d'aller recommencer plus loin leur existence, comme nous savons presque tous le faire ici. — Vous êtes terriblement pessimiste, fis-je. — Hélas! l'expérience est là. Ils ne vous ont pas raconté qu'il y a quelque part, dans le Sud, une ville fondée par eux, aujourd'hui morte, qui eut son heure d'éclat quand les forêts d'alentour fournissaient une riche matière première. Cela, ils ne vous l'ont pas raconté, n'est-ce pas? D'ailleurs, les habitants de Longview, si on le leur faisait remarquer, ne s'en soucieraient pas outre mesure car, en Amérique, nous vivons pour l'heure présente, grisés par ces stupéfiants qui s'appellent la spéculation, les plus-values, les hausses perpétuelles (cela m'était dit en juillet, trois mois avant le krach de Wall Street). Nous ne sommes pas hantés par le désir de laisser à nos enfants une maison familiale dont ils entretiendront la pieuse et douce intimité. Ils se débrouilleront comme nous nous sommes débrouillés à la poursuite de la fortune dès qu'elle se montre quelque part. Nous ne vivrons pas assez, ni vous ni moi, pour revisiter Longview dans une cinquantaine d'années, mais nos descendants ne seront vraisemblablement pas sollicités de se faire photographier, *ad usum publicitatis,* devant le palace ou les affiches polyglottes, car cela ne servira plus à rien. Les seules boutiques qui garderont quelque vogue seront celles des marchands d'imperméables et de parapluies, car le déboisement systématique de l'Etat de Washington aura fait de cette Longview qui est sous la latitude de Monte-Carlo, la rivale de Bergen et de Grimsby. Mais nous ne sommes pas les premiers qui aient dit ou pensé : « Après nous le déluge! »

En écoutant cet ami, je revoyais le fleuriste mulhousien qui plante des buissons de rosiers à Longview en rêvant de revenir dans sa vieille Alsace.

SEATTLE

I

Quand un petit coup, sec et souple comme une demi-volée de ping-pong, eut fait remonter le store bis de la chambre 746 de l'Olympic Hotel de Seattle, un spectacle sans précédent s'offrit à mon regard, un spectacle qui tenait du simultanéisme cher aux écoles d'avant-garde et du cauchemar d'un *Inferno* dantesque interprété en costumes modernes par une troupe anglaise.

Dans le gratte-ciel d'en face, à tous les étages, des femmes, des hommes, des enfants, renversés dans des fauteuils nickelés, livraient leurs mâchoires souffrantes à des dentistes en blouse blanche. Pour quiconque a, par expérience, la phobie des petites foreuses et fraiseuses électriques et des arrache-nerfs en acier ou en platine, cette vision était plus qu'émouvante. J'aurais voulu m'en détacher, mais la hantise d'une carie réveillée ou d'une périostite inattendue me retenait. Je cherchais probablement des yeux l'opérateur auquel je confierais ma peine. Mon regard allait des cabinets opératoires aux salons d'attente où les victimes suivantes feuilletaient paisiblement des magazines, sans avoir l'air de se douter de ce qui les attendait dans la pièce voisine. Il y eut une jeune fille qui se trouva mal et que le chirurgien ranima en lui tapant dans les mains et sur les joues. Il y eut des reflets d'or dans des trous d'ombre rouge. Si le téléphone n'avait pas retenti, je serais resté hypnotisé comme un lapereau par un cobra.

Est-ce une unique entreprise de soins dentaires ou un immeuble affecté par destination à l'exercice de cet art, avec libre concurrence entre tous les locataires? Je n'en sais rien. En Amérique, tout est possible. J'espère bien, s'il m'est jamais donné de refranchir l'Atlantique, visiter le fameux palais chirurgical où le patient est examiné et soigné « à la chaîne » comme sont construites les automobiles en grande série. J'ignore s'il est couché sur un trottoir roulant et passe du service pulmonaire au service rénal à une vitesse chronométrée et s'il y a autant d'infirmières qu'il y a d'épingles de nourrice à fixer dans les bandes Velpeau, mais l'esprit de méthode, le souci de sauver du temps, de ne rien laisser au hasard, de perfectionner au maximum l'outillage et d'usiner toutes choses, dans le sens mécanique de ce verbe, sont des caractéristiques d'un système dont on ne saurait nier l'intérêt.

Le *Dentist's Building* de Seattle suffit à indiquer l'importance de ce port, le plus septentrional de l'Ouest américain, rival de San-Francisco et de Portland pour le commerce transpacifique.

Des cités ultra-modernes de ce genre, trépidantes d'affaires, de fabrications, d'importation, d'exportation, de spéculations, se prêtent mal aux descriptions pittoresques. Il y a les mêmes 5 *and* 10 *stores*, les mêmes *Woolworth*, les mêmes étalages de bijouteries bon marché, et les mêmes *cafeteria* qu'ailleurs. J'ai cependant trouvé à Seattle, en dehors de l'officine de Jack Julian, *tatoist* pour marins et garçons affranchis, la plus extraordinaire boutique du Nouveau-Monde. Il y avait, du temps de ma jeunesse, carrefour de l'Odéon, un prêteur sur gages appelé le père Monaco qui exhibait, dans une vitrine qui n'avait pas un mètre cinquante de large, et dans un entassement prodigieux, à peu près tout ce qu'il est possible d'imaginer. Les carabins, dans les pénuries de fin de mois, devaient lui céder jusqu'à des pièces anatomiques desséchées.

L'*Old Curiosity Shop* de Seattle m'a fait revivre le père Monaco. Il y a des crânes pétrifiés, des crocodiles empaillés, des carapaces de tortues, des scalps de Peaux-Rouges, des vieilles carabines, des *totems*, les uns vrais, les autres faux, mélangés à une pacotille de bazar, mocassins de poupée, cendriers en cuivre repoussé, porte-plume en os dont le manche recèle une photographie grande comme une tête de clou, etc., etc.

Les boutiques d'antiquaires sont rares aux Etats-Unis. Je ne parle évidemment pas des magasins somptueux de New-York, de Chicago ou de San-Francisco où les importations d'œuvres d'art européennes de tous les siècles créent un choix exceptionnel, mais interdit au modeste touriste en quête d'occasions. Ce qui fait défaut, c'est le bric-à-brac où l'on peut fureter... et trouver quelque chose.

Les Etats-Unis n'ont pas un passé suffisant pour alimenter naturellement ce genre de commerce. Les rares échoppes où je m'étais risqué jusque-là n'offraient que des bouteilles vides, des vieux romans et magazines, des chromos encadrés de pitchpin et des ustensiles de marché aux puces.

Le propriétaire de l'*Old Curiosity Shop* de Seattle avait des goûts évidents de naturaliste. N'exposait-il pas une photographie d'indigènes des îles Palawan (nord de Bornéo) pourvus d'un appendice caudal indubitable, des spécimens de poissons-crucifix, de nature à bouleverser des dévots sur les mystères de la création et toutes sortes d'autres phénomènes? Mais il avait également conscience — et cela est plus captivant — du caractère historique que l'évolution précipitée des Etats-Unis commençait à donner à certains objets.

Le plus sérieusement du monde il présentait en particulier aux collectionneurs quelques cuillers en fer avec une étiquette signalant que c'étaient celles dont on se servait il y a vingt ans. Le carton étant fortement défraîchi, il est possible que ces vingt ans fussent aujourd'hui trente, mais le fait restait aussi significatif.

On a peine à s'imaginer, en effet, que cette métropole de près de 400.000 habitants est « la plus grande jeune ville du monde », qu'elle fut fondée en 1852 par une vingtaine de blancs, arrivés l'année précédente à Alki, au bord du Puget Sound, l'admirable mer intérieure que le détroit de Juan-de-Fuca relie au Pacifique.

Nommée Seattle en l'honneur d'un amical chef indien, elle n'avait, en 1870, qu'un peu plus de mille habitants, 3.500 en 1880 et ne commença à se développer qu'après l'arrivée du chemin de fer en 1884. Détruite partiellement par un incendie en 1889, elle n'était, en 1897, qu'un port pratiquement inconnu dont les quelques 50.000 habitants vivaient modestement de la pêche et du commerce de bois. L'année précédente, l'arrivée d'un navire venant d'Extrême-Orient avait été un événement sensationnel.

La ruée vers l'or de l'Alaska et du Yukon décida de sa fortune vertigineuse. En 1900, sa population avait doublé; en 1909-1910 elle s'offrait le luxe d'une exposition universelle. Aujourd'hui, ses recettes douanières lui donnent la première place dans les importations de la côte occidentale et la troisième de tous les Etats-Unis, après New-York et Boston.

Elle importe d'Extrême-Orient, dont elle est le port le plus proche, près de 300 millions de dollars de soie brute, les 4/5 de toute l'importation américaine. Sa balance commerciale dépasse 700 millions de dollars. Son trafic maritime a pris une telle envergure que son port jouit, depuis 1911, d'une autonomie sous le contrôle d'une corporation élue.

Elle a une population étrangère qui dépasse 80.000 âmes dont 6.000 à 7.000 Japonais qui ont deux journaux. Ses liaisons ferroviaires sont si intelligemment établies qu'elle exporte en Chine et au Japon le coton brut de l'Oklahoma, du Texas, de l'Arkansas et même de la Louisiane.

La France n'est pas entièrement absente de ces échanges commerciaux. Elle tenait, en 1928, la seconde place, avec 22.103 tonnes, après l'Allemagne (25.278) et avant l'Angleterre (10.117) pour l'achat de cuivre et figurait modestement, mais figurait tout de même, dans la liste des pays vers lesquels l'Etat de Washington exporte du blé, du saumon en conserve, du lait condensé, des fruits frais et en boîtes et du bois brut et façonné. Elle importait quelques produits chimiques, des tuiles, des noix et un stock assez important de produits et machines en fer et en acier (3.677 tonnes), un peu plus que l'Allemagne (3.138) et que l'Angleterre (2.867), mais moins que la Belgique (8.967).

Cette grande vitalité commerciale de Seattle en fait un poste consulaire de réelle importance qu'on ne confie point à des agents un peu fatigués, dont la seule distraction est de porter, le 1er janvier et le 14 juillet, la santé du président de la République et du régime devant trois cuisiniers, une bonne d'enfants et quelques pécheresses défraîchies, qui composent toute la colonie.

Nous fûmes les hôtes du corps consulaire — ce qui ne nous était arrivé nulle part — dans un restaurant français, le « Café Blanc ». Son maître-queux n'avait pas subi la fâcheuse contagion de la fantaisie culinaire américaine qui sert des ananas avec du gigot d'agneau et de la mayonnaise sur des fraises des bois, histoire de faire de l'inédit et d'aller de plus en plus fort.

Comme nous causions cuisine — je ne sais plus dans quelle ville et avec qui, — mon interlocuteur, un bon vivant fortuné, coutumier du voyage d'Europe, me raconta, avec une satisfaction épanouie, un curieux match dont il était sorti vainqueur. « J'avais retrouvé à Bruxelles, me dit-il, un de mes compatriotes qui me convia à déjeuner. Il avait fait lui-même le menu qui comportait de l'escarolle au porto et du poulet au kirsch. Je l'invitai à mon tour et je lui fis goûter du canard au melon d'Espagne et des endives au marasquin. Il ne voulut pas demeurer en reste et me pria à déguster des moules aux truffes et du foie gras de Strasbourg, fondu dans de l'eau-de-vie de Dantzig. J'aurais pu me déclarer battu. Je ne le fus pas. Après mûre réflexion, je décidai le chef à farcir d'huîtres grillées un esturgeon de la Volga cuit dans du Châteauneuf-du-Pape 1893. Mon ami ne m'a plus réinvité. »

Les extravagances de la cuisine américaine — qui ne sont heureusement pas quotidiennes — sont le résultat de ce perpétuel désir de faire mieux qui tourmente les esprits transatlantiques. Le brave, l'honnête, le familial gigot aux « soissons » ou « aux chevriers » est le symbole d'une civilisation stationnaire. Il faut découvrir des combinaisons nouvelles pour être de son temps. On ne peut pourtant dire que l'Américain ait le palais vulcanisé par tous les *ice cream, soda* glacés, mixtures et condiments poivrés et vinaigrés qu'il absorbe, car il recherche la cuisine française et ses petits plats mijotés avec ferveur. Son existence trépidante a simplement déformé la conception normale des repas. Entre la collation-express et le dîner d'apparat, il n'a pas su établir une moyenne. Il se nourrit de façon trop simpliste ou trop compliquée. Avec la crise domestique qui sévit aux Etats-Unis plus que partout ailleurs, avec les tentations paresseuses qu'offrent les restaurants, usines alimentaires où l'on se sert soi-même, le souci culinaire se perd. Mais ceci dit, il faut détruire la légende d'après laquelle la nourriture américaine est immangeable. La matière première, viande, légumes et fruits, est de toute excellence et, quand on ne vise pas à un raffinement — qu'il faut fuir — on n'a pas lieu de se plaindre. Dût le président Hoover me vouer aux gémonies, j'avoue, cependant, qu'un déjeuner ou un dîner accompagné, pour tout breuvage, d'eau, de lait froid, de *ginger ale,* de sirop de framboise ou de sirop de pomme agrémenté d'acide carbonique baptisé cidre, ne sera jamais un déjeuner ou un dîner, mais ceci est une opinion de Français.

La prohibition, puisqu'il faut en parler une fois ou l'autre, est un bien qui, par son intransigeance excessive, s'est transformé en mal. J'ai fait aux États-Unis la même expérience qu'en Finlande. Autant il était légitime, salutaire, de haut intérêt social et patriotique de combattre l'alcoolisme qui ruine les nations et les races, autant il était imprudent de légiférer dans l'absolu et de ne prévoir ni concessions ni soupapes de sûreté. J'admets toutes les statistiques satisfaites des prohibitionnistes : augmentation des dépôts de caisse d'épargne, meilleur rendement ouvrier, eugénisme, etc., et je ne tire pas des arguments de leurs adversaires humides : augmentation des cas de folie, de cécité, etc., des conclusions décisives.

Le mauvais côté du 18e amendement est tout autre. Il est d'ordre moral. Cette législation draconienne, qui veut ignorer et la faiblesse humaine et le libre arbitre, a progressivement conduit des milliers et peut-être des millions d'Américains à douter du caractère sacré de la loi. Ceux pour lesquels transgresser une loi équivalait à une menace de voir la voûte du ciel s'écrouler sur leur crâne se sont aperçus que cela pouvait devenir un sport dépourvu de sanction surnaturelle. Cela a été la faillite de l'autorité. Je n'ai pas besoin de développer.

J'ai assisté à des dîners où des juges regardaient en souriant leur voisin tirer une gourde de whisky de sa poche, où des gouverneurs d'Etat ne se voilaient pas la face quand on servait du champagne, et où des agents de police en uniforme circulaient autour de tables chargées de bouteilles. Les intransigeants de Washington empêchent sans doute d'innombrables cirrhoses du foie, mais ils laissent se gangrener l'esprit de la nation. Entre les deux maux, quel est le pire?

Ces réflexions m'ont éloigné du « Café Blanc » de

Seattle, mais n'était-ce point le lieu qui devait les cristalliser?

II

Quand nous avons embarqué sur le coquet yacht blanc du souriant capitaine James Griffith à la boutonnière fleurie de roses, nous avions une abondance de pommes rouges dans les mains.

Seattle est aussi fière de la production de ce fruit qui perdit notre père Adam, que de la beauté des filles d'Eve qui fleurissent dans l'Etat de Washington.

Il est de fait que le *Seattle Times* possède, en la personne de miss Betty Stewart, la plus ensorcelante « intervieweuse » que le journalisme mondial ait jamais lancée sur la route de ceux qui n'ont rien à dire, si dangereuse que je m'enfuis, par peur de lui parler d'autre chose que de la paix internationale et de la grandeur des Etats-Unis.

C'était fuir un péril pour en rencontrer l'équivalent en la personne de miss Elouise Rozelle, dactylographe blonde, vouée par le Créateur à faire fortune à Hollywood. Les sirènes inconscientes apparaissaient de toute part, comme en un final de revue. Seattle était dans l'effervescence d'une compétition d'où devait sortir *miss Liberty*, sorte de muse de la fête nationale : « Mademoiselle 4 juillet. » Elles étaient quarante, chiffre académique de toutes façons, issues d'une première sélection de quartiers : *miss Renton Hill, miss Jefferson Park, miss West Seattle, miss First Avenue, miss Olympic Heights*, etc., et même *miss Wallingford Commercial*, ce qui est localisateur mais sans poésie.

A scruter l'identité de ces grâces d'après leur patronyme, il apparaît que les demoiselles Sara Jane Paulson, Verna Jansen, Marjorie Abrahamson, Dorothy Erickson, sont d'origine scandinave et que Mlle Joséphine Giacarini eut du soleil méditerranéen sur son berceau ou sur celui de ses parents. Ce mélange de races est un des secrets de l'incontestable beauté corporelle des jeunes filles américaines. Leur ardeur sportive, la liberté de leur allure font le reste.

Seattle, se piquant de posséder la femme idéale et la pomme incomparable, se devait d'avoir, sans le serpent, le reste du paradis et revendique le titre de *Flower city of America.* Ses rhododendrons et ses roses de Gueldre sont fameux, elle a créé des variétés florales inédites, dont une digitale pourprée couronnée à son faîte par une manière de tulipe, qui désespèrent les éditeurs de manuels de botanique.

Quoique Normand de naissance, ma connaissance des pommes était lamentable. M. C. E. Johns, représentant de la chambre de commerce de Seattle, a fait mon éducation. Je ne pouvais imaginer que l'Etat de Washington en produisait annuellement trente-trois millions et demi de caisses d'une valeur de quarante millions de dollars, soit un milliard de francs. Douze millions de ces caisses sont expédiées à l'étranger et une large proportion d'entre elles en Europe. Il se peut donc que vous croquiez des *Winesap,* des *Jonathan,* des *Delicious,* des *Roman Beauty,* sans savoir qu'elles vinrent à maturité là-bas, là-bas, au nord de la côte Pacifique, dans les vallées de Yakima et Wenatchee au pied des Cascades Moutains. Bien qu'il soit affirmé qu'en mangeant une pomme tous les matins on atteigne l'âge de M. Chevreul, je cachais celles qui m'avaient été offertes dans les poches d'un pardessus qui se trouva être celui du *commandatore* Salvatore Cortesi, l'éminent représentant de l'*Associated Press* à Rome. J'en demande rétrospectivement pardon à M. C. E. Johns, à l'inlassablement bienveillant M. Josiah Collins et à celui des 46,240 fermiers de l'Etat de Washington qui avait envoyé ces glorieux spécimens à notre intention. Je n'aîme pas les pommes entre les repas.

L'élégant petit vapeur de M. Griffith avait été affrét

pour nous conduire à Bremerton, la station de la flotte de guerre du Pacifique. Tandis que nous effectuions cette charmante traversée du Puget Sound, des hydravions nous dépassaient ou nous croisaient à faible hauteur. C'est un service régulier qui relie Seattle aux localités importantes de l'autre rive du détroit et que les gens d'affaires pressés — on l'est toujours ici — utilisent avec la même indifférence qu'un tramway ou un ferry-boat.

Nous eûmes l'honneur d'être cordialement reçus à bord du cuirassé *California* par l'amiral commandant la flotte de bataille et d'être photographiés devant trois canons de 356, dressés en éventail vers le ciel comme des télescopes à la recherche de la comète de la parité navale dans la nuit des conférences internationales.

Je ne sais si Bremerton est un arsenal fermé comme ceux de Brest et de Toulon, car nous étions arrivés par mer, mais il y avait de séduisantes jeunes personnes, court vêtues — il y en avait décidément partout dans cet idyllique Etat ! — flirtant avec des matelots coiffés de ce petit bonnet blanc qui fait fureur sur nos plages. C'était l'été et la joie de vivre était dans l'air.

Ce besoin d'être heureux n'est pas égoïstement réservé aux humains. On se préoccupe de la belle humeur même du bétail et c'est dans le Washington que je vis pour la première fois une réclame de lait « *from contented cows* ».

Il a toujours été recommandé de ne pas contrarier les nourrices, mais les « vaches contentes » sont une extension inattendue de ce précepte bourgeois.

Nous devions être appelés, le lendemain, à contempler, dans la « ferme des œillets » la statue de *Segis Pietertje Prospect*, « reine des vaches contentes ». L'effigie de ce paisible animal, qui eut l'honneur d'être photographié aux côtés du maréchal Joffre, le 31 mars 1922, se dresse sur un socle dont une plaque de bronze orne le centre. Et voici la traduction de l'hommage qui doit braver les siècles :

ICI À VÉCU

ET A RENDU SES SERVICES A L'HUMANITÉ

SEGIS PIETERTJE PROSPECT

Vache laitière champion du monde,
née en 1913, morte en 1915.

Par deux fois elle a enregistré des records de production qui ont élevé sa renommée au-dessus de celle de toutes les vaches laitières de tous les temps. Dans chacune de ces deux années elle a dépassé 16,500 *quarts* (18.700 *litres*) *de lait,* 1.400 *pounds* (700 *kilos environ*) *de beurre, donnant au total pour les deux,* 33.922 *quarts* (37.400 *litres*) *de lait et* 2.865 18 *pounds* (1.400 *kilos*) *de beurre.*

Engendrée par un roi et de la plus pure race du Holstein, elle eut elle-même un fils et des filles ayant la qualité de champions. Le plus remarquable type du noble et patient animal qui a été justement nommé.

LA MÈRE NOURRICIÈRE DE LA RACE HUMAINE.

Sa valeur royale lui a mérité la gratitude au nom de laquelle cet hommage lui est rendu par son propriétaire

CARNATION MILK FARMS 1928.

Quand on a contemplé cette statue monumentale, les vieilles données scolaires sur le bœuf Apis des Egyptiens et le veau d'or des Israélites subissent un assaut. Les archéologues et les exégètes ne se sont-ils pas trompés? Le pied du Sinaï était peut-être aussi fertile au temps de Moïse que la vallée de Snoqualmie sous la présidence de MM. Wilson, Harding et Calvin Coolidge?

Les Pharaons, dont les vaches grasses et maigres troublaient le sommeil, élevaient des pyramides vers le ciel tout comme en élèvent la Paramount ou la firme Chrysler, et le delta du Nil était fécond comme la côte du Pacifique. Alors? L'histoire est un éternel recommencement.

Je ne voudrais point quitter Seattle sans mentionner la très intéressante conférence que nous fit, au cours d'un banquet offert par le Rainier Club et dont le juge George Donworth était le toatmaster, le révérend Dr H. H. Gowen, l'un des sinologues les plus avertis d'Amérique.

Pour passer du pittoresque et du plaisant au sérieux, ce voyage circulaire à travers l'Amérique m'a révélé qu'on s'intéresse infiniment plus aux affaires d'Europe dans l'ouest américain que partout ailleurs, exception faite naturellement de New-York, Boston et Washington. C'est à Seattle que j'ai eu l'explication de ce phénomène un peu déroutant et qui paraissait illogique. Si le centre des Etats-Unis veut délibérément ignorer tout ce qui se passe dans le vieux monde, à l'exception des histoires scandaleuses, grossies à plaisir, qui alimentent les pages de magazine des journaux du dimanche, quelle étrange curiosité attire les Californiens et le public de la côte du Pacifique, encore plus éloignée de nous, vers ce qui nous agite et nous préoccupe?

C'est ce que le révérend Dr Gowen nous a magistralement éclairci. Ici l'on se trouve géographiquement à l'extrémité d'un monde formé par la civilisation européenne et l'on scrute d'un œil anxieux le continent asiatique qui recèle la grande inconnue. L'américanisme pur s'estompe pour faire place au sentiment instinctif de solidarité de culture. Le problème du Pacifique, si justement cher à notre vigilant ami André Duboscq, dépasse, pour ces observateurs bien placés, la question de la rivalité navale. Quand le révérend Dr Gowen a établi un parallèle entre le service rendu par l'hellénisme à Marathon et le rôle que les Etats-Unis pouvaient être appelés à jouer dans l'avenir, il a porté le sujet sur un plan auquel nous n'avions pa songé.

Le laboureur Echetlée, voyant les Athéniens de Mil tiade aux prises avec les Perses, prit instinctivemen le soc de sa charrue et se joignit aux défenseurs d la terre grecque, premier et inconscient héros du sen timent national. Les Américains estiment en généra que les affaires d'Europe ne les concernent pas. La Société des nations est apparue à la majorité d'entr eux comme une réunion de parents pauvres enclins à « taper » l'oncle d'Amérique de secours en nature ou en argent. Ceux du Pacifique ont, au contraire, senti qu'ils faisaient partie, comme Echetlée, d'un ensemble

Seattle est une ville bien intéressante.

TACOMA

Il faut avoir une respectueuse admiration pour les critiques d'art qui, à chaque Salon de printemps, d'hiver ou d'automne, trouvent, pour les centaines de toiles qu'ils distinguent sur les kilomètres de cimaise des appréciations aussi variées qu'ingénieuses. La langue française est riche; mais, tout de même, la souplesse avec laquelle ces maîtres du goût jonglent avec les « sens des valeurs », « mise en place », « atmosphère », « fraîcheur de ton », « richesse de palette », « délicatesse de touche », tient du prodige.

Une humilité jalouse devant tant de virtuosité étreint celui qui, passant d'une ville américaine à sa voisine lui ressemblant comme un Trouillebert ressemble à un Corot, est tenu d'en esquisser une description exempte de monotonie. L'amour-propre municipal, le patriotisme de clocher, l'émulation sportive et le sens cultivé du bluff publicitaire viennent heureusement à l'aide du voyageur consciencieux mais d'imagination hésitante.

Je conseillerais volontiers à quelque géographe d'humeur bénédictine de dresser, grâce aux prospectus touristiques et industriels, une nomenclature de toutes les villes américaines avec le qualificatif qu'elles s'attribuent. Il réunirait de la sorte un catalogue savoureux où V... serait « le jardin », W... « le parc », X... « le bosquet », Y... « le buisson fleuri », et Z... « le paradis » de l'Amérique.

Il remarquerait de même que bien des villes, soucieuses de se déclarer les premières pour telle ou telle production, mais devant baisser pavillon devant des centres industriels notoirement plus importants, ont trouvé le biais subtil de limiter géographiquement le champ de la rivalité. Elles sont ainsi la première... à l'est de Minneapolis, la première au sud de Denver, la première... au nord de San-Francisco. C'est un peu l'application du principe des « hors concours » qui laisse aux jeunes médaillés d'honneur l'intégrale satisfaction de la primauté.

Tacoma, voisine et rivale de Seattle, s'intitule : « *the hub of the Evergreen Playground* », américanisme signifiant à peu près « le point de départ vers les terrains de jeu au milieu des arbres toujours verts », et elle est la première ville non seulement des Etats-Unis, mais du monde entier, pour la fabrication et l'exportation des portes. Sur les 3.323.910 qui sont sorties, en 1928, de ses scieries et de ses ateliers d'ajustage et d'emboîtage, nous en avons acheté 20.709, de quoi garnir un certain nombre de maisons neuves du programme de M. Loucheur. En ce même temps, la Hollande, qui n'a pas été dévastée et que nous ne savions pas souffrir de la crise du logement, en fixa 65.736 dans ses appartements, l'Allemagne 54.815, l'Italie 1.520, et le Royaume-Uni 273.407.

Nous achetons en outre 73.475 *bard feet* de *box shooks,* ce qui doit représenter quelque chose comme 22.000 mètres de bois fendu pour fabriquer des caisses, 40.000 pieds de bûches, 758.704 pieds de planches, 15.848 tonnes de cuivre et un certain nombre d'autres produits en moindre quantité.

Nous exportons, par contre, 2.497 caisses de conserves d'une valeur de 24.164 dollars, 19 tonnes d'huile d'olive d'une valeur de 6.270 dollars et quelques autres spécialités.

Pourquoi, puisque 29 navires de pavillon français jaugeant 81.057 tonnes contre 23 allemands (79.270 tonnes) sont entrés dans le port de Tacoma en

1928, fait-on venir là-bas des produits chimiques, des porcelaines, des pianos — pour ne citer que ces articles — d'Allemagne au lieu de chez nous? C'est peut-être que nos fabricants ignorent jusqu'à l'existence de cette grande ville industrielle et des marchés éventuels qu'elle représente.

Ils ont l'excuse d'avoir dû apprendre la géographie dans des manuels où Tacoma n'existait pas, et pour cause, car sa réelle importance économique ne date pas de trente ans.

Le site où elle devait s'élever fut visité, en 1792, par le capitaine George Vancouver. La compagnie de la baie d'Hudson établit, en 1822, un poste dans le voisinage, à Nisqually, et, en 1852 seulement, apparut le premier habitant, un émigrant suédois nommé Nicolas Delin, qui installa une scierie dont il exporta le produit à San-Francisco. Trois ans plus tard, la guerre indienne le forçait à chercher refuge, avec les siens, derrière les bastions du fort Steilacoom, à douze milles au sud.

En 1864, nous voyons venir Job Carr et ses deux fils, et, en 1868, le général Morton Matthew Mac Craver. Il n'y a encore que deux scieries sur les rives opposées de la baie. Le général, qui vient de Portland, est un animateur. Le site lui paraît propice à un établissement urbain et il donne à la réunion de quelques bicoques, où logent ceux qui ont répondu à son appel, le nom délicieux de *Commencement City*, qu'elle aurait bien dû garder comme un perpétuel encouragement. Cette charmante union de deux mots, l'un français et l'autre anglais, qui disaient tant de choses, fut remplacée par Tacoma, qui, en indien, signifie « cime couverte de neige », allusion au mont Rainier ou mont Tacoma, dont les 4.392 mètres dominent majestueusement l'horizon au sud-est.

En 1873, le Northern Pacific Railway rattachait la ville nouvelle au réseau ferroviaire américain. En 1880, elle ne comptait pourtant encore qu'un peu plus de

1.000 habitants. Le recensement de 1890 en donna 36.006, celui de 1900 37.714, pour arriver à 83.743 en 1910 et 128.000 environ en 1928.

Ce n'est donc pas par le chiffre de la population mais par son rendement industriel que Tacoma a acquis son importance. Nous avons visité non seulement des scieries, des ateliers de menuiserie, d'ébénisterie, des docks, mais une fonderie de cuivre, d'or, d'argent et d'arsenic blanc, réellement remarquable. Notons, pour répondre à la douce manie de nos amis, que la cheminée de cette usine, qui s'élève à 573 pieds (174 m. 254) au-dessus du sol, est la *seconde* plus haute cheminée du monde. (Ils ne m'ont pas dit où était sa rivale victorieuse.)

Nous avons appris de nos hôtes que Tacoma vendait son électricité à un prix défiant toute concurrence sur tout le territoire des Etats-Unis : 1.123 cents par kilowatt pour la consommation domestique, et 738 cents pour la consommation industrielle, qu'on payait 30 millions de dollars de salaires, que les poules pondaient pour 3 millions de dollars d'œufs, que les fraisiers et framboisiers rapportaient 5 millions de dollars, qu'il y avait 145 églises de tous les cultes, un stade pouvant contenir 40.000 spectateurs et que Sarah Bernhardt avait couché dans le même hôtel que nous...

Je suis toujours ému par cette juvénile fierté de l'effort et du succès, par ce patriotisme local exubérant. Je voudrais que nos provinciaux, jeunes et vieux, soient animés d'une émulation semblable, qu'ils trouvent dans leur mail, dans leur jardin public, dans leur promenade des remparts, dans tout ce qui peut créer la physionomie propre de leur ville le mirage bienfaisant d'un orgueil. Combien est sympathique ce cocher marseillais qui, débouchant sur la Cannebière, se tournait vers son client, étranger à la ville, et disait simplement : « C'est Elle ! »

En dehors d'un immense et authentique *totem* où les

Indiens sculptèrent et peinturlurèrent de couleurs vives leurs divinités monstrueuses étrangement enchevêtrées, *totem* érigé sur une des places de la ville, Tacoma n'offre point de curiosités et de monuments sollicitant l'objectif. C'est une ville neuve, toute neuve.

Mon voisin au dîner de l'Union Club, un colonel qui fit la guerre en France, se souvenait d'avoir tiré des cerfs dans ce qui est aujourd'hui Pacific-Avenue, une des plus belles artères de la ville, et d'avoir rencontré des ours dans les faubourgs.

Il me montra sur la carte, entre Tacoma et le Pacifique, le vaste territoire de la péninsule Olympique : « Cette région-là, me dit-il, est encore sauvage. Il y a bien une route qui va, en longeant le golfe, par Olympia, capitale de l'Etat, Shelton, Duckabush et Port-Angeles, jusqu'au lac Crescent et l'embouchure de la Dickey, mais l'intérieur du pays, que dominent les cimes neigeuses de l'*Olympic range*, est aussi sauvage qu'à l'époque des premiers pionniers. Quand vous reviendrez, il y aura peut-être des sky-scrapers et un opéra municipal à Quillagute et un palace pour sports d'hiver à l'emplacement de la cabane alpestre de Low Divide ! Sait-on jamais ? » Il souriait avec ce soupçon de malice des Américains qui ont appris le français dans les tranchées...

Le lendemain, des automobiles nous faisaient franchir par une excellente route, en voie partielle d'amélioration, les 56 milles qui séparent Tacoma de l'entrée du Rainier national park et nous déposaient, après 16 autres milles de montée, pour déjeuner, au bord des neiges éternelles, à 1.700 mètres d'altitude, dans l'Hôtel du Paradis. Nous n'étions point les seuls visiteurs, loin de là. La saison, qui amène plus de 200.000 touristes, était commencée. Pratiquer des sports d'hiver en plein été, s'en donner l'illusion et, au pire, se contenter des boules de neige quand il suffit pour cela de mettre le pied sur un accélérateur, est une tentation à laquelle on ne peut évidemment résister.

Mais cette facilité même créait, entre le décor et les figurants, un désaccord amusant. Les limousines, les conduites intérieures, les autos-cars déversaient devant le tunnel de neige conduisant à l'entrée de l'Inn des jeunes filles en petits souliers découverts, des jeunes gens en pantalon de tennis. Le hall où, dans l'âtre immense, se consumaient des troncs d'arbre, tandis qu'un haut-parleur métallisait des fox-trots, avait l'air d'une gare du transsibérien, suivant l'optique du Châtelet, pendant l'arrêt d'un train ramenant d'Extrême-Orient une troupe de music-hall. La foule griffonnait des cartes postales et les précipitait dans une boîte aux lettres gigantesque. La salle à manger s'emplissait et se vidait par fournées. Un vestiaire achalandé louait de gros souliers, des *over all* ouatinés, des skis à l'heure. C'était un va-et-vient, une cohue dans laquelle Tartarin eût passé inaperçu. Dehors, les photographes attendaient ceux qui désiraient être immortalisés, assis dans un traîneau tiré par des chiens de l'Alaska, en cavaliers de la ruée vers l'or, en skieurs d'occasion, en alpinistes du dimanche. Sur les pentes, c'était la joie des glissades, l'ébrouement d'une jeunesse qui fête, en un jour de soleil, la première chute de neige. Il était dit que je ne devais pas échapper à la ténacité professionnelle de la mutine représentante du *Seattle Times*. Elle accompagnait miss Liberty et ses deux demoiselles d'honneur, auxquelles l'excursion du Paradis avait été offerte en prime de leur éphémère élévation.

Je pensais que miss Betty Walker m'en voulait énormément de la façon cavalière et presque discourtoise avec laquelle je m'étais, trois jours auparavant, dérobé à sa tentative d'interview. C'était mal connaître la femme... ou la journaliste. Elle me pria, sans faire la moindre allusion au passé et avec tant de séduction, de me laisser photographier à côté de miss Isabel Davey, *miss Liberty*, que je ne pus, sans ridicule, m'échapper.

Au milieu d'un champ, une sorte d'autel surmonté

d'une boule de neige avait été dressé. Nous faisant vis-à-vis, nous fûmes priés de tendre l'index de la main droite vers cette boule. Je ne sais pas encore exactement ce que cela devait signifier. Je pense que ce pouvait être une allusion au globe terrestre. Nous en habitions des points opposés que nous indiquions approximativement. La France du 14 juillet et l'Amérique du 4 juillet communiaient sur les cimes dans un esprit de fraternité universelle.

A la réflexion, comme mon physique ne s'imposait pas pour jouer les dessus de pendule en compagnie de la plus jolie fille de Seattle 1929, je crois que miss Betty Walker s'était simplement offert le malin et féminin plaisir d'avoir le dernier mot, ce qui est l'éternelle préoccupation, sous toutes les longitudes et toutes les latitudes et depuis l'origine du monde, de la plus belle moitié de l'humanité.

LE YELLOWSTONE PARK

I

Malgré le centenaire du romantisme, le verbe romantique demeure l'apanage de certains virtuoses du lyrisme. On peut être frappé de mutisme devant le Parthénon sans pour cela demeurer insensible à sa prodigieuse harmonie. C'est peut-être une question de tempérament. Il y a une pudeur de l'admiration comme il y a une timidité de l'amour.

Bornons-nous donc à déclarer que le Yellowstone National Park est une des curiosités merveilleuses du monde, que ses geysers ressuscitent les illustrations admirées de nos manuels scolaires d'histoire naturelle et que Rudyard Kipling, après sa visite au grand Canyon, a écrit :

« Sans avoir été prévenu et sans y être préparé, mon regard plongea dans une gorge de 1.700 pieds de profondeur, avec des aigles et des éperviers planant en dessous de moi. Et les bords de cette gorge étaient une sauvage débauche de couleurs : incarnat, émeraude, cobalt, ocre, ambre, blond de miel éclaboussé de porto, blanc de neige, vermillon, citron et gris d'argent en larges traînées. Si loin en profondeur qu'aucun bruit de lutte ne pouvait parvenir à nos oreilles, la rivière de Yellowstone courait, petit ruban de jade vert, large d'un doigt. La lumière du soleil frappa ces merveilleuses parois et ajouta des nuances nouvelles à celles que la nature y avait déjà mises. »

Je ne tenterai pas d'entrer en compétition coloriste avec l'auteur de *Kim*.

Restent bien disponibles les rose corail, laque carminée, violine, champagne, tango, vert de chrome et vert Véronèse et toute la gamme des bleus, utilisables pour la description des *pools* qui se parent des noms charmants de « gloire du matin », « bol de punch », « pot de peinture » ou des sources chaudes en terrasses dédiées à Jupiter, à Cléopâtre, à l'Hymen, aux anges et à d'autres divinités, mais, depuis que l'Art moderne a prescrit de donner aux académies toutes les couleurs sauf celle de la chair et de plaquer au couteau des couches de bleu de Prusse zébrées de blanc de zinc pour nous faire à jamais douter de la clarté céleste, il est parfaitement vain de chercher sur une palette un quelconque adjuvant descriptif.

Il apparaît d'ailleurs, à la lecture des auteurs au goût du jour, que ce genre de précision est désuet et que le seul moyen de « faire voir » est d'user et même d'abuser de la métaphore et de l'analogie. Assimiler les apparentes stratifications d'une paroi montagneuse à une tranche de *wedding cake* à la framboise et au chocolat répond à l'esthétique d'une génération plus habituée à manipuler des gâteaux qu'à rêver devant des paysages. Cette recherche systématique conduit à d'amusantes trouvailles, mais tend à supprimer le contact direct de l'œil et de l'esprit avec l'objet regardé pour lui substituer le souci de la similitude. Ne s'arrêter devant la Joconde que pour se demander « à qui donc de mes relations ressemble Mona Lisa? » est le travers contemporain. Je croyais l'Europe seule atteinte de ce mal, mais j'ai eu le soulagement de constater que la jeune Amérique en avait subi les atteintes en lisant, sous la plume de M. Emerson Hough, l'auteur du *Covered Wagon*, que le Yellowstone Park était « le continuel Coney Island de la Nature ». Le drame qui nous fit perdre là-bas, dans un stupide et lamentable accident, notre charmant camarade George Landoy, rédacteur en chef du *Matin* d'Anvers, ne me permettra jamais d'associer dans ma mémoire les jeux étonnants de ce bassin volcanique avec les divertissements d'un Luna Park, mais je dois reconnaître que M. Emerson Hough fut heureusement inspiré dans sa comparaison.

Il songeait sans doute davantage aux *water-chutes*, aux jets d'eau bouillonnants, à « la cuisine du diable », au miroir de Vénus, aux ours en liberté, aux bisons, à toutes ces « attractions » offertes aux visiteurs, qu'à ces visiteurs eux-mêmes. Ces derniers valent cependant qu'on s'intéresse à eux.

Le Yellowstone Park se trouve sur le versant oriental des Montagnes-Rocheuses, dans l'angle nord-ouest de l'Etat de Wyoming, et s'étend sur des parties des Etats d'Idaho et de Montana. Il a 62 milles de longueur et 54 milles de largeur (100 kilomètres sur 86 kilomètres), avec une superficie de 860.000 hectares, équivalente à celle de la Corse ou de la Côte-d'Or. C'est un haut plateau d'une altitude moyenne de 2.000 mètres, entouré de cimes neigeuses dont certaines dépassent 3.000 mètres.

Cette petite Suisse volcanique découverte par John Colter, l'un des membres de l'expédition de Lewis et Clark, en 1807, fut visitée en 1834 par W. A. Ferris, un chasseur de fourrures qui en publia la première description qu'on taxa d'exagération jusqu'en 1869, quand Folsom, Cook et Peterson en firent l'exploration scientifique.

Trois ans plus tard, en 1872, le gouvernement des Etats-Unis, pour en préserver les curiosités et les beautés naturelles, fit de ce territoire un parc national, c'est-à-dire l'interdit à l'exploitation et à l'habitation. La faune, en particulier les ours, bisons, cerfs, mouflons, se trouva du même coup protégée contre les chasseurs. Les bêtes y vivent en une telle sécurité, que leur sauvagerie s'est domestiquée et que les ours se promènent sur les routes et aux abords des hôtels, en quête de sucreries que les touristes leur distribuent largement.

Les hôtels, qui sont sous le contrôle de l'administration de l'Etat, sont judicieusement édifiés près des points principaux d'attraction : 1° les sources chaudes; 2° les geysers; 3° le grand Canyon; 4° le lac.

La visite s'effectue en quatre jours et demi, au prix forfaitaire de 54 dollars (1.350 francs) pour les touristes logeant dans les hôtels, et 45 dollars (1.125 fr.) pour ceux qui descendent dans les lodges, groupements voisins de chalets plus démocratiques.

Le Yellowstone Park a quatre portes d'où partent les circuits automobiles. Le record de 1928 était de 3.869 personnes entrées en une seule journée, celui de 1929 s'éleva à 4.212. Le plus grand des hôtels, celui du Lac, ayant de la place pour 700 personnes, et les lodges adjacentes pouvant en héberger deux ou trois cents, une rudimentaire opération mathématique démontre que ces 4.000 visiteurs doivent, en quatre groupes de mille, se céder mutuellement la place sous peine d'embouteillage. On arrive, on couche et on repart. Cela fait 4.000 paires de draps à changer, — et à lessiver, je pense, — quotidiennement.

Les caravanes d'une dizaine d'autocars, à onze voyageurs par car, se mettent en route, au chronomètre, sous la surveillance de managers armés de porte-voix. Les valises sont rangées en files géométriques sur le vaste perron, soigneusement numérotées et étiquetées, et sont engouffrées, en trente secondes, dans les coffres arrière par une chaîne de valets qui se les passent comme des ballons de rugby. C'est d'une méthode et d'une rapidité dignes d'admiration.

Jouissant de la faveur, en notre qualité d'invités de la fondation Carnegie, d'être hors série, il nous était donné d'assister aux arrivées et aux départs et de nous trouver tout à coup les seuls hôtes d'un immense caravansérail un instant auparavant trépidant d'animation. Il n'y avait plus que les femmes de chambre jalonnant les couloirs de draps, de taies d'oreiller et de serviettes ramassées en boule.

Ces servantes sont, pour la plupart, des étudiantes qui gagnent ainsi leur séjour à la montagne, en y ajoutant le bénéfice des pourboires. La coutume es de laisser, dans la chambre que l'on quitte, un quarte (6 fr. 25) ou, si l'on veut encourager les études uni versitaires, un demi-dollar (12 fr. 50).

Ces jeunes filles, réunies en dortoir sous la surveil lance d'une matrone, commencent leur service à 6 h du matin, et ont, le soir, la permission de 11 heures Elles en profitent pour aller danser au lodge, où de contrôleurs perçoivent pour chaque danse un ticke d'entrée de 5 cents. Vous trouverez, pour un *two-step* ou un *fox-trot,* la demoiselle qui, au palace, vous pas sait les plats ou que vous aviez sonnée pour avoi une serviette-éponge. Après lui avoir commandé, au dîner, le menu de votre choix dont elle a ponctué le plats énoncés d'un inimitable « ha-ha-a » qui est l'ex pression, plus particulièrement ouest-américaine, d'un compréhension approbative, vous lui racontez, en dan sant, vos impressions sollicitées d'Amérique que le mêmes « ha-ha-a » soulignent. C'est un peu déroutan au premier abord, mais d'une saine atmosphère éga litaire.

Dans notre vieille Europe, le grand tourisme com portant une dépense quotidienne comme au Yellow stone, de 300 francs par jour, est le privilège d'un catégorie assez restreinte de citoyens, ce qui donn à la clientèle des hôtels une certaine classe dont je ne surestime pas la qualité, mais dont les moyens ont plus ou moins uniformisé les attitudes. L'Amériqu n'a pas — ou en très petite quantité — cette bour geoisie aisée, petite aristocratie économique ou intel lectuelle. En mettant à part les milliardaires et million naires, la fortune est presque également répartie l'ouvrier d'usine étant au niveau du professeur d'uni versité ou du fonctionnaire. Le besoin ardent de s'ins truire, d'élargir son horizon, de voir ce qui doit êtr vu, fait faire là-bas des milliers de kilomètres à de gens dont, à similitude de situation chez nous, l'idéal ne dépasserait pas un aller et retour de Pâques pour Trouville ou une collation dans une guinguette au bord de la Marne. Il est en conséquence impossible de deviner si la demoiselle à qui vous tendez la main pour l'aider à franchir un rocher au bord du grand Canyon étudie l'esthétique à Princeton ou aide sa mère à vendre des cotonnades dans une boutique de Dallas.

Il est tout aussi difficile de situer les gens d'après leur mise. L'excursion du Yellowstone Park est l'occasion des plus singuliers et même comiques accoutrements. De vénérables grand'mères, culottées de *knickerbockers* flottants sur des mollets fondus, abritant leurs lunettes d'or sous de larges visières de celluloïd qui verdissent leur teint parcheminé, accompagnent des enfants en *cover-all* bleu de mécanicien d'auto ou en cow-boy de mi-carême. On joue au trappeur de l'Arkansas ou à l'explorateur du Klondyke, alors que la visite est aussi aisée que celle des jardins de Versailles.

Dans le train de la Nouvelle-Orléans à Denver, nous avions fait la connaissance d'un groupe d'étudiantes qui se rendaient au Yellowstone Park pour y occuper divers emplois. Nous retrouvâmes l'une d'elles, fort intelligente, spécialiste de géologie et revenant de prospections pétrolifères, derrière le comptoir des renseignements du *lodge* de l'*Old Faithful*. Elle campait un vaste *sombrero* sur sa chevelure blonde dénouée, un foulard éclatant ceignait ses épaules et ses culottes de cheval s'enfonçaient dans de hautes bottes vernies. Elle n'eut pas déparé la troupe de Buffalo Bill. Deux autres de ces demoiselles faisaient partie de l'orchestre du *Lake lodge* et une autre, étudiante en chimie, tenait le bar d'un palace, ce à quoi ses travaux de laboratoire la prédisposaient évidemment. Le maître d'hôtel qui nous avait trouvé une table et qui répondait au nom familier de « Tom » vint nous rejoindre après dîner. Il se présenta comme étant M. Eric Lindgren-Bark, homme de lettres suédois, terminant un ouvrage sur les Etats-Unis.

Tout est fraternel et sans façon. On ne s'étonne et on ne peut s'étonner de rien.

Le soir de la fête nationale, la curiosité me poussa au *lodge* de l'hôtel du Lac. Son immense salle de fêtes était pleine de gens, sagement assis sur des rangées de bancs alignés devant une scène décorée de feuillages et de drapeaux.

Des ouvreuses bénévoles distribuaient des recueils de chansons. Une dame en robe de bal à paillettes de jais apparut devant le rideau. C'était l'animatrice de la fête. Après un petit discours de circonstance, proclamant la fraternité des cœurs américains en ce jour anniversaire, elle procéda à l'appel des fils des 48 Etats de l'Union, présents dans la salle. « Y a-t-il ici, ce soir, quelqu'un de l'Alabama? » Deux couples se levèrent. Ils furent salués d'applaudissements. « Y a-t-il quelqu'un de l'Arizona? » « Y a-t-il des gens du Colorado? » Il y avait des groupes disséminés un peu partout. On battit des mains. A l'appel de leur Etat, ceux du Minnesota se dressèrent, imposants par leur nombre et fiers de cette majorité. Ils furent acclamés. Le Kentucky, l'Idaho, l'Illinois, l'Oklahoma étaient présents comme le Montana, l'Ohio et le Tennessee. Cela prenait figure d'une cérémonie solennelle, d'un rite observé avec autant de sérieux que d'enthousiasme. L'Etat de Washington n'était représenté que par un vieillard chenu, d'humble apparence. On lui fit une ovation interminable.

L'appel terminé, la dame décolletée indiqua que l'on allait chanter l'hymne numéro 9 du petit recueil.

Tandis que plusieurs centaines de mains tournaient hâtivement des pages à la recherche de l'hymne 9, je me demandais le succès que pourrait avoir une dame de bonne volonté qui, le soir du 14 juillet, dans un hôtel de Chamonix, ferait le recensement des natifs du Poitou, du Finistère, des Landes, du Périgord et de toutes nos autres provinces? Malgré tous nos régionalistes les plus convaincus, la famille française ne se pose même plus la question de son unité.

Les Américains du Nord n'en sont pas encore à ce stade. Ils s'émerveillent eux-mêmes d'être frères.

Nous ne pourrions réaliser l'équivalent qu'au lendemain de la création des Etats-Unis d'Europe quand, à tour de rôle, Allemands, Anglais, Belges, Espagnols, Français, Grecs, Italiens, Polonais, Roumains, etc., se lèveraient le jour anniversaire, mettons de Locarno, dans le palace international où ils se trouveraient par hasard réunis.

Je pensais n'avoir au Yellowstone National Park que la surprise des geysers stupéfiants et des ours familiers. Mes notes avaient trouvé d'autres sujets. Devais-je m'en plaindre?

II

L'accident dont fut victime notre camarade George Landoy a été faussement rapporté par la presse américaine, qui a parlé d'un ébouillantement par un geyser jaillissant à l'improviste. Cela est totalement impossible. Les fusées d'eau chaude s'annoncent par un bruit caractéristique suivi de bouillonnements progressifs de plusieurs minutes. Il n'y a pas d'exemple, dans l'histoire des accidents survenus dans le parc, de personnes surprises par un jet inattendu.

Landoy voulant photographier un geyser en éruption, l'œil fixé dans le viseur de son appareil, ne regarda pas où il marchait et trébucha dans un trou d'eau bouillante d'un mètre de diamètre. Il en sortit d'un bond, les jambes brûlées au premier degré jusqu'en haut des cuisses. Transporté aussitôt à la clinique de l'*Old Faithful Lodge*, parfaitement organisée, pansé à l'acide picrique, piqué contre le tétanos et apaisé par la morphine, il paraissait devoir quitter, au bout d'une dizaine de jours au maximum, l'hôpital de *Mammouth hot spring* où une ambulance automobile, téléphoniquement appelée, le conduisit. La septicémie, provoquée par son état général de santé, l'emporta deux jours plus tard. Nous avions tellement foi dans sa guérison que nous avions continué notre excursion, tenus trois fois par jour au courant de son état par M. Lechartier, qui s'était fait un devoir de l'accompagner.

Plusieurs centaines de mille visiteurs défilant chaque année dans cette région, les accidents sont inévitables. Ils sont en général le fait d'imprudence. Certains touristes, ne se rendant pas compte que l'eau crachée par les bouillottes souterraines atteint et quelquefois dépasse 100° centigrades, franchissent les palissades pour voir de plus près et sont éclaboussés. D'autres s'avancent, toujours en dépit des palissades, sur des croûtes de limon d'apparence solide et s'enfoncent en se brûlant les pieds. Il y a eu des désespérés ou des hypnotisés qui se sont précipités la tête la première dans des cratères pleins d'une eau merveilleuse de transparence, mais mortellement chaude. Un prêtre glissa au bord du «pool d'émeraude». Il eut la force physique et morale de nager sur le dos, mais mourut presque aussitôt après avoir atteint la rive. Le pourcentage des accidents graves est réellement infime (2 ou 3 par an) et les brûlures superficielles et limitées sont les seules que l'on ait en général à soigner.

Le drame qui nous fit perdre notre compagnon devait donner à notre vision du Yellowstone Park une teinte inattendue. Quand le téléphone nous eut avertis que, malgré tout ce qui avait pu être tenté, son état était désespéré, nous quittâmes de nuit l'hôtel du grand Canyon pour regagner Mammouth. On ne circule pas en général après le coucher du soleil dans le parc. Cette randonnée de plusieurs heures sous un faible clair de lune, par ces routes désertes, au travers de cette région de toutes parts travaillée par des forces mystérieuses, était sinistre et inquiétante. Les fumerolles montant de la terre crevassée, les nappes de vapeurs sulfureuses, les grandes taches blanches rongeant, comme d'immenses lèpres, les forêts condamnées, donnaient l'impression d'un pays maudit, prêt à s'effondrer dans une marmite infernale. Nous avions la sensation d'une fuite devant les prodromes d'un cataclysme. Il nous semblait que les touristes faisant cercle autour de l'*Old Faithful,* pour admirer les porjections lumineuses sur le geyser en action, que les excursionnistes campant sous la tente, à proximité de leur auto et préparant joyeusement leur dîner sur un feu de bois, que les jeunes gens et jeunes filles qui, dans le hall des palaces, écrasaient du talon — figure de cotillon à la mode — des ballons rouges attachés aux chevilles de leurs rivaux, que les baigneurs nocturnes de la piscine en plein air de Mammouth éclairée *a giorno,* que tous ces amoureux de la joie et du plaisir étaient de pitoyables inconscients. Certes, quand une angoisse étreint le cœur, toutes les sensations extérieures se déforment et la poésie déserte l'ombre calme des sous-bois soudain peuplés de spectres et de fantômes. Mais à ceux qui recherchent les contrastes violents, je signale cette visite nocturne du Yellowstone. Avec la disparition des couleurs qui en sont un des attraits, les phénomènes volcaniques y revêtent un caractère exceptionnellement émouvant. Ce que la civilisation a ajouté s'estompe. La nature brutale reprend ses droits.

George Landoy était mort quand nous arrivâmes.

Le lendemain un jeune prêtre irlandais célébra une messe pour le repos de son âme. La petite chapelle de Mammouth sert indistinctement pour les deux cultes, catholique et protestant, sans que le clergé romain y fasse d'objection canonique.

Ce libéralisme est un des traits symptomatiques du catholicisme américain. Alors que dans les pays d'Europe où le catholicisme jouit de la majorité, l'Eglise se montre rigoriste et intransigeante et soutient des tendances sinon réactionnaires du moins conservatrices, en Amérique, où elle est en minorité, elle lève l'étendard progressiste.

Contre le vieux puritanisme, férocement attaché à la lettre biblique, antidarwinien, apôtre de la prohibition, de l'interdiction de fumer, du morne jour de repos et de tout ce qui peut étrangler matériellement et spirituellement la débordante vitalité américaine, elle se dresse, accommodante, intelligente, ne faisant appel qu'aux aspirations mystiques que ses dogmes peuvent satisfaire. Est-ce une tactique, simplement une réaction naturelle contre les excès oppressifs, ou encore la conséquence d'une ambiance libérale dans un pays neuf, trop éloigné de Rome pour en subir les étroites directives?

J'aurais plutôt tendance à m'attacher à cette dernière hypothèse. Le catholicisme est, en Amérique, une doctrine et non plus un système teinté de politique, comme les conflits historiques des Etats avec le Saint-Siège l'ont, par la force des choses, transformé dans le vieux monde. Il a suffi là-bas d'une tentative de mêler la question religieuse à la vie politique pour provoquer une immédiate réaction.

Dans l'élection présidentielle, le souriant gouverneur « Al » Smith, par sa profession de foi catholique, a vu se dresser contre lui toutes les forces du méthodisme terrifié de l'éventualité d'un « romain » entrant à la Maison-Blanche et, à cette occasion, les prédictions catastrophiques de l'Apocalypse ont réapparu avec une virulence qu'on n'avait pas vue depuis le seizième siècle. Du coup, à Baltimore, ville démocrate, un maire républicain, mais protestant, fut élu et soixante mille démocrates protestants quittèrent leur parti. Mais la vie courante ne connaît pas, aux Etats-Unis, ces antagonismes et ces ostracismes religieux.

Au congrès eucharistique de Chicago, une grande partie de la foule qui salua respectueusement les envoyés du Saint Père et les cardinaux européens et prit part aux grandioses manifestations était protestante. Elle n'envisageait pas cette participation comme une capitulation. C'est cette optique libérale qui a incité, en 1910, les chefs de l'Eglise épiscopale de Cincinnati à lancer le mouvement pour l'union des Eglises, apparemment facile en Amérique, mais impossible dans le rayon immédiat d'action du Vatican, comme les délégués, partis pleins d'optimisme, ne tardèrent pas à s'en apercevoir.

Quand on parle d'union, même aux Etats-Unis, il ne faut pas l'envisager sous une forme dogmatique, mais simplement spirituelle, c'est-à-dire une bonne volonté fraternelle de coopération dans les œuvres morales et sociales. Il n'y a pas de pays au monde où bourgeonnent plus de sectes. Charles W. Ferguson en comptait, l'an dernier, 216. Il y avait 19 catégories de méthodistes, 18 divisions de baptistes, 9 corps presbytériens, 22 Eglises luthériennes différentes, 17 mennonites, 7 Eglises orthodoxes.

L'auteur cite une « Eglise libérale catholique », qui ne reconnaît pas l'autorité de Rome, « l'Eglise de Dieu », « l'Eglise de Dieu telle qu'elle a été organisée par Jésus-Christ », « les Vieux catholiques de l'Amérique du nord », « l'Eglise de la colonne de feu », « l'Eglise du lien de Daniel », « l'Eglise de la Sainteté de la Pentecôte », « La victorieuse et sainte Eglise apostolique de Dieu », etc.

A côté des considérables groupements comme ceux de la « Christian science », d'une influence mondiale, il en est d'éphémères, nés de l'attraction d'un jour, comme ceux de la prophétesse Mac Pherson qui prêche le salut, la guérison par l'expiation, le baptême du Saint-Esprit, le retour de Jésus-Christ sur la terre, fait des réserves sur l'enseignement de saint Paul et prétend guérir des malades par ses invocations. Le succès de toutes ces dissidences procède du goût américain pour la perpétuelle nouveauté, mais il indique

que la religiosité américaine est plus profonde et vive qu'on ne le croit.

Rien n'est plus typique de cette agitation spirituelle que les schismes qui se sont produits même au sein du judaïsme américain où est né une *Jewish science*, analogue, dans ses tendances, à la *Christian science* et parmi les athéistes, qui ont vu certains d'entre eux fonder à Denver, Seattle et San-Diego une *liberal church of America*, où se groupent ceux qui ont une certaine façon de ne pas croire, ce qui est encore une forme de croyance.

Ces remarques m'ont éloigné de Yellowstone où les caravanes d'autocars poursuivent leur circuit parmi les phénomènes qui sont plus que des attractions, car leur régularité — on affiche dans le hall de l'hôtel : « La prochaine éruption de l'*Old Faithful* aura lieu à X heure, X minute » — ouvre sur les problèmes cosmiques de troublantes fenêtres. Pourquoi et comment le feu intérieur qui amène l'eau souterraine au point d'ébullition propice met-il près de soixante minutes — l'arbitraire division du jour imaginée par les hommes — pour produire son effet?

Si les touristes y pensaient, il s'en trouverait peut-être pour fonder une religion nouvelle, qui ne serait que la 217e des Etats-Unis.

AU TRAVERS DU MONTANA ET DU DAKOTA

Le *Yellowstone-Comet*, qui eut beaucoup de peine à démarrer de la station de Gardiner et qui nous eût laissé le loisir d'admirer paisiblement la vallée du Paradis dans le wagon-observatoire — vaste plate-forme garnie de chaises, couverte mais ouverte à tous les vents — s'il n'avait craché tant d'escarbilles, n'a de météorique que son nom. La plupart des trains américains ne sont tentés par aucun record et sont résignés aux manœuvres les plus lentes. Je n'oublierai jamais la vision de l'usine à gaz d'Atlanta devant laquelle on nous fit neuf fois revenir avant de trouver la voie définitive. Il y a, entre New-York et Chicago, des rapides dignes de ce nom et, sur beaucoup de lignes, les voyageurs ont droit à une indemnité pour chaque minute de retard. Mais, en règle générale, la vitesse horaire est extrêmement modeste et n'approche pas, même de loin, celle de nos express Calais-Paris, Paris-Lyon, Bordeaux-Bayonne, ce dernier étant d'ailleurs le plus rapide du monde.

Parce que l'Amérique a la réputation d'être trépidante, de posséder des ascenseurs-fusées qui vous lancent en catapulte au quarantième étage sans vous laisser reprendre votre souffle, on croit volontiers aux trains-bolides qui franchissent des ponts branlants avec tant de prestitude que l'effondrement de ces derniers est une démonstration cinématographique de la théorie d'Einstein.

L'expérience minimise ces émotions sportives. Je

crois que l'immense étendue des réseaux à travers des régions souvent quasi désertiques, les concurrences de compagnies parallèles ont fait poser les rails sans ballast suffisant pour des vitesses croissantes et que force est d'aller, avec des wagons très lourds, à une allure d' « omnibus toutes classes ».

A ce propos, il faut signaler que les Etats-Unis, fiers de leur égalitarisme démocratique, exagèrent en se targuant de la classe unique dont jouissent tous leurs concitoyens. En vérité, il y a, au-dessus de l'unique première classe, le *pullman* avec couchette, et au-dessus du *pullman,* le compartiment-salon particulier.

Cette réserve faite, il n'est pas douteux que la classe inférieure est sans comparaison avec les banquettes hostiles de nos troisièmes classes dont on n'oublie la torture que lorsqu'on a vingt ans et que l'on part en permission. Les premières-troisièmes américaines ont des fauteuils individuels capitonnés à dossiers réversibles qui invitent au sommeil. Je n'ai pu me procurer le barème permettant de juger le prix relatif des déplacements en Amérique et en France, mais de toute façon nul humain n'est voué, de l'autre côté de l'Atlantique, au lumbago ou au tour de reins s'il ne peut s'offrir un wagon-lit.

Il nous fallut 36 heures pour faire les 1.500 kilomètres qui séparent Gardiner de Minneapolis, soit à une vitesse moyenne d'à peine plus de 40 kilomètres à l'heure.

Cette interminable traversée du Montana et du Dakota septentrional est hautement instructive, car elle fait prendre contact avec une Amérique que nous avons tendance à oublier ou à ne plus imaginer, notre horizon mental étant bouché par des murailles de *sky scrapers* et d'usines monumentales.

Il y a encore aux Etats-Unis de vastes régions à peine peuplées (1 habitant au kilomètre carré; le Brabant belge en compte 455 et nos départements français de 50 à 80) où, pendant des heures on ne rencontre aucune agglomération et où les gares ont ce caractère primitif qui évoque les débuts de la pénétration du rail. Tout le tragique et le comique du roman ou du film américain y trouvent des décors naturels. Les galopades de cow-boys dans la rue unique d'un village en bois, l'irruption de gaillards aux culottes de cuir effiloché dans l'unique épicerie-buvette-salon de coiffure du lieu, le voyageur ahuri débarqué en plein champ au pied d'un poteau qui porte la mention *railway station,* le virtuose qui monte en voltige dans le train qui passe, toute cette fantaisie, qui nous paraît forcée et destinée à abuser l'Européen candide, n'a pas besoin d'être tournée dans des cartonnages à Hollywood et n'est pas anachronique.

Je vois encore une localité qui se nomme Judson et où notre train s'arrêta. Une grande rue, bordée de quelques cahutes espacées, descendait à angle droit sur ce qui était censé être la gare, c'est-à-dire une plate-forme et un baraquement.

Au coin de la grande et unique rue, sur la place de la gare, il y avait, à droite, un dépôt d'essence et à gauche, la *First State Bank,* de la dimension d'un bureau de tramway, avec une porte et une fenêtre dans la façade de trois à quatre mètres. Je suppose que le caissier de cet établissement doit avoir une mitrailleuse à côté de son guichet, et qu'il prend tous les soirs le train avec sa recette, sinon ce ne serait pas seulement le coffre-fort, mais la banque elle-même qu'on pourrait emporter pendant la nuit.

Il y a cinquante ans, beaucoup de villes, aujourd'hui prospères et imposantes, n'étaient pàs très différentes de Judson. L'évolution de l'Ouest américain n'est pas terminée, loin de là, et il est bien possible que la crise économique de plus en plus menaçante amène une période de stagnation. Toute cette région du Montana et du Dakota est essentiellement agricole et la grande culture y a pris des proportions inquiétantes.

Dans une de mes premières lettres où j'indiquais,

plusieurs mois avant le krach de Wall Street, les nuages qui s'accumulaient sur l'horizon, j'insistais sur la question du blé, dont la superproduction encombrait déjà les entrepôts de Chicago et dont le prix de revient était tel que les fermiers, endettés, hypothéqués et surchargés d'impôts, n'arrivaient pas à trouver de marchés favorables.

Malheureusement pour eux, non seulement la production ne s'est pas ralentie, malgré tous les conseils que le *Federal Farm Board* a pu donner — c'est le fatal engrenage de l'outillage à grand rendement — et les élévateurs se voient menacés d'avoir à emmagasiner d'ici juillet 1930, 90 millions d'hectolitres comme l'an passé, en sus des stocks déjà accumulés, mais la vente à perte, la *distress selling,* est déjà pratiquée aussi bien par le Canada, l'Argentine et l'Australie où il y a excès de récolte, que par la Russie dont le régime branlant a besoin d'argent.

La crise financière déclanchée en novembre dernier a déjà produit un déficit de 29 millions de dollars sans le produit des recettes de l'impôt sur le revenu. Si la crise agricole, que les 150 millions de dollars votés par le Congrès pour venir en aide aux fermiers ne saurait conjurer, ajoute ses ravages à ceux de l'imprudente spéculation, l'économie nationale des Etats-Unis peut en être sérieusement ébranlée, car les fermiers de l'Ouest sont des consommateurs dont les usines ne sauraient se passer.

Quand M. Alexandre Legge, président de l'International Harvester Company de Chicago, l'homme peut-être le plus compétent d'Amérique dans les questions agricoles, accepta, l'été dernier, de présider le nouveau *Farm Board* institué par M. Hoover, il était optimiste. Il n'espérait pas accomplir des miracles, mais simplement rétablir une situation. Il est aujourd'hui inquiet. Si les fermiers ne réduisent pas de 10 à 20 0/0 la superficie de leur exploitation, ils courent à une catastrophe. Mais je ne saurais m'étendre davantage sur un problème que ces notes rapides ne peuvent avoir d'autre ambition que d'esquisser.

Je ne sais pas très exactement où se trouve Judson, embryon de ville que nos atlas européens n'indiquent pas, mais, en venant de l'Ouest, c'est une station qui précède Mandan où nous fîmes une halte de 6 minutes pour y contempler un chef indien et sa famille, télégraphiquement convoqués pour nous donner cet interlude pittoresque.

Mayne Reid et Gustave Aymard ont eu beau passionner ma jeunesse, la danse de quelques déguisés entre la salle des bagages et la lampisterie n'a pas suffi à ranimer mes émotions. L'épouse sans âge de cet « Œil de faucon » ou de ce « Grand serpent vert », plastronnée de verroterie comme une porte de brasserie provençale, s'était enduit le visage d'une couche verdâtre de graisse rappelant une pommade contre l'eczéma, la fille aînée n'avait même pas pris la peine de modifier sa coiffure à la mode et d'ôter ses longues boucles d'oreilles modernes, la cadette avait ajouté des rubans blancs à ses petites nattes d'écolière sage et tapait sur un tambourin tandis que le vieux, empanaché de plumes colorées à l'aniline, sautillait en poussant des cris gutturaux jusqu'au moment où il en eut assez et procéda à la vente de son portrait en carte postale. La gamine avait retourné son tambourin pour recueillir les offrandes des spectateurs.

L'un d'entre nous, bénévolement entraîné dans cette innocente comédie, s'étant balancé en cadence au bras du couple indien, fut sur l'heure baptisé *Matakoki Papi* (l'ours qui charge), honneur qui ne lui coûta que deux dollars, rançon habituelle, et reçut, en souvenir, un paquet de plumes de pigeons comme on en plante en couronne sur les volants enfantins.

Il y a toujours quelque tristesse à voir des êtres humains tirer des ressources mendicitaires de leur singularité ethnique et accepter un rôle dans les attractions d'un jardin d'acclimatation. Je m'apitoie peut-être à tort sur « l'Œil de faucon » de la station de Mandan, car il n'est pas dit qu'une puissante limousine ne l'attendait pas pour regagner non sa tente, mais sa somptueuse villa des environs. Les peaux-rouges ne sont pas tous des pauvres diables, fils d'une race déchue et en voie de disparition. S'il est exact que la population indienne des Etats-Unis s'est réduite des trois quarts depuis la découverte de l'Amérique, il y a, parmi ceux qui restent, des individus fortunés. Le rachat des terrains pétroliers qu'ils possédaient a assuré plus que leur aisance. Dans le Dakota, la population indienne, d'une quinzaine de mille âmes, loin de diminuer, est en augmentation de plusieurs milliers pendant la dernière décade et les tribus des « Pieds Noirs », des « Têtes plates », des « Gros ventres », des « Assinoines », des « Sioux », etc., ont conservé leur vitalité. Il eût été séduisant de connaître de leur existence autre chose qu'une parade foraine de commande. Mais il n'est pas certain qu'une plus intime connaissance ne nous eût pas déçus. Je soupçonne les descendants des héros de Fenimore Cooper de porter, dans la vie quotidienne, des vestons de confection, de ne pas coller leur oreille contre terre pour surprendre le galop lointain des cow-boys ennemis, mais de tourner des boutons d'ébonite à la recherche d'un concert symphonique et d'avoir abandonné le calumet traditionnel pour les *Lucky Strike*.

Il y a cependant, me dit-on, des « réserves » d'Indiens dans différents Etats, réserves que la standardisation n'a pas atteintes.

De Mandan le train nous conduisit à Bismarck, capitale du Dakota méridional. Quand on se souvient que cette région fut découverte par le Français Pierre de la Verendrye en 1738 et qu'un autre Français, Charles Chaboailly, y établit, en 1797, le premier établissement de commerce, le nom du chancelier de fer n'est pas spécialement agréable à contempler sur le fronton d'une gare. Mais l'émigration allemande, importante, laborieuse, prolifique, presque égale, dans ce Nord agricole américain, aux émigrations suédoise ou norvégienne, a acquis des droits qu'il serait injuste de lui contester.

Bismarck, il est vrai, ne comptait que 9.150 habitants à son dernier recensement.

Durant cet arrêt, je songeais à ce qu'avait dû être la tâche du président Wilson pour amener la participation du peuple américain à la guerre mondiale aux côtés des alliés. Si la France n'avait pas représenté un certain idéal d'une qualité exceptionnelle admis par nos ennemis et plus jalousé que détesté par eux, idéal sensible même à une émigration allemande détachée des intrigues de l'état-major de Potsdam, le problème eût été presque insoluble.

Cela ne diminue pas le mérite de l'homme d'Etat dont les déboires de la paix ont temporairement diminué le piédestal. La politique wilsonienne a été le maximum de ce que nous pouvions espérer et l'homme qui en assuma la responsabilité eut des difficultés qui eussent désarçonné les plus grands. Le jour viendra où on lui rendra pleinement justice.

MINNEAPOLIS ET SAINT-PAUL

Quand les années auront effiloché la dentelle des impressions, je sais qu'aux noms de Minneapolis et de Saint-Paul s'attacheront des souvenirs d'une durable qualité. L'usine Ford et la prison de Stillwater, la tour Foshay, les usines qui font, de la rive urbaine du Mississipi, le royaume de la tartine (*the bread and butter skyline*), les *club-houses* et les villas du bord des lacs et du grand fleuve en seront les pierres blanches.

Nourri de littérature anglo-américaine classique, j'avais grand hâte et grande émotion à contempler la cascade de Minnehaha qui avait inspiré à Longfellow l'immortel *Chant d'Hiawatha*. J'eus la tristesse de constater que la cascade était à demi chauve et la déception d'apprendre que le poète n'était jamais venu à Minneapolis et s'était contenté d'une gravure. Le plus coté de nos peintres de Notre-Dame et de la Butte travaillant d'après des cartes postales, et Mérimée n'ayant jamais fréquenté l'Illyrie avant d'écrire la *Guzla*, je pris le parti de me consoler et d'admirer les miracles de la littérature.

Minneapolis est une ville souriante, éclaircie de parcs et de jardins publics égalitairement répartis dans tous les quartiers, émaillée de lacs presque aussi nombreux et dominée par la tour Foshay, l'une des plus singulières conceptions architecturales et ornementales de l'enthousiasme humain.

La capitale des Etats-Unis a, on le sait, édifié, en l'honneur de Washington, un obélisque au sommet duquel des ascenseurs transportent les amateurs de panoramas. C'est une manière de tour Eiffel en pierres de taille.

M. W. B. Foshay, animateur d'une grande entreprise de crédit aux multiples facettes, auquel la fortune avait souri jusque-là, imagina de doter Minneapolis d'un obélisque washingtonien dont les trente-deux étages seraient loués au commerce. Un secrétaire d'Etat en devait, en août 1929, présider l'inauguration, car on sait également, aux Etats-Unis, mobiliser les représentants de l'exécutif.

Nous eûmes la faveur d'une avant-première dans des plantes vertes masquant la crudité du plâtre frais. Ce banquet fut servi à l'avant-dernier étage. Des jets d'eau, ingénieusement illuminés, animaient un parterre de fleurs en guise de chemin de table. Le gouverneur de l'Etat, un robuste Scandinave du nom de Christianson, fit un discours dont nous fûmes distraits par l'apparition, au coin du paravent qui masquait l'office improvisé, d'une dame en robe de bal de velours et crêpe de chine émeraude, si belle que le berger Pâris n'eût pas un instant hésité. Renseignements pris, cette Aphrodite américaine n'était qu'une des surveillantes des magasins Foshay, chargée du contrôle des maîtres d'hôtel. Ayant à remplir une mission de confiance en un soir de gala, elle avait revêtu une toilette de circonstance. Elle procurait, par tant de splendeur, l'impression d'une invitée à laquelle son sexe et sa beauté donnaient droit à des retards d'ambassadrice doyenne. La voir signaler que des couverts n'avaient pas été changés et que le maire William F. Kunze avait soif déroutait notre instinctive et admirative courtoisie. Nous étions prêts à lui céder notre place. Mon voisin, le pétillant M. D. D. Tenney, président de l'Association civique et commerciale de Minneapolis, voulut bien me confier que le personnel féminin de M. Foshay pouvant rivaliser en séduction avec l'équipe sélectionnée des *Ziegfeld follies,* il n'y avait nul lieu de s'émouvoir et que cette demoiselle n'avait revêtu de si beaux atours que pour sa propre satisfaction.

Cette constatation cristallisa quelques observations éparses sur la femme américaine, objet de l'admiration et de la curiosité universelles. Il a été répété qu'elle se croyait mise au monde pour dépenser les dollars gagnés par le sexe prétendu fort, mais dont la faiblesse s'avérait en l'occurrence. Elle en éprouve, dit-on, un intégral contentement, l'admiration servile des hommes justifiant cette fiscalité sanguinaire. En vérité il me paraît que mes frères transatlantiques achètent au léger poids de l'or la liberté de leurs sentiments et ne placent pas leurs épouses sur un plan sensiblement plus élevé que celui de ces Orientales gorgées de sucreries à la rose, inondées de parfums, enchantées de jets d'eau retombant dans des vasques de marbre et jouant du *Keman Ajakali* ou du *Mescal,* en attendant qu'on leur lance un mouchoir.

Je ne sais pourquoi telle tablée de femmes du monde lunchant au Briar Cliff Lodge sans leurs maris — un de mes premiers étonnements aux Etats-Unis — évoqua une vieille gravure montrant de jolies Smyrniotes assemblées autour du *tandour.*

La royauté de l'Américaine ne me semble pas du tout conforme à la pure doctrine monarchiste. Elle se limite aux avantages d'une liste civile éblouissante. Le gouvernement constitutionnel échappe à son autorité. D'ardentes féministes, des épouses « à l'européenne » et d'autres me démentiront probablement, et un captivant débat pourra s'engager sur l'équilibre conjugal dans les divers pays de la planète. Je ne puis, pour l'instant, qu'enregistrer une impression. On nous a présenté les maris américains comme de candides exploités. Je les tiens pour infiniment plus malins, si la simple paix domestique est un idéal suffisant.

En Amérique, comme ailleurs, l'intellectualité féminine a fait d'étonnants progrès et ses conquêtes dans tous les domaines ne se comptent plus. Cette évolution si remarquable peut-elle échapper aux pièges du luxe et du plaisir que lui tendent les hommes inquiets pour leur suprématie?

Ce vaste problème dépasse la vision de la surveillante de M. Foshay promenant ses épaules nues aux alentours d'un paravent.

Un concert nous fut donné sous la conduite du chef de l'orchestre symphonique de la ville, le maestro belge Henri Verbrugghen, dont la coiffure à la Liszt, la moustache aux pointes cirées et la large cravate blanche nouée autour du col échancré semblaient indiquer une préférence pour Offenbach, alors qu'il nous régala plus classiquement de Sébastien Bach.

Entre deux fugues, je fis une escapade pour déguster, à un autre étage, une « fine » que la digestion d'un aussi copieux repas exigeait, paraît-il, ce que j'aurais mauvaise grâce à démentir.

Je devais, ce même soir, ou plutôt cette même nuit, faire connaissance avec l'un des ingénieux ustensiles qui doit son invention aux rigueurs de la prohibition. L'on connaît ces serviettes de cuir à serrure et poignée dans lesquelles les hommes d'affaires transportent leurs dossiers. Ceux qui forment projet d'être *whoopee* et en désirent les essentiels stimulants ont fait confectionner deux réservoirs en fer blanc de l'importance et de la forme d'un in-octavo Jésus, qui s'emboîtent l'un près de l'autre dans la serviette d'affaires. L'un est pour le gin et l'autre pour le whisky. Les sbires de la loi Volkstead, à l'affût des rondeurs qui déforment les poches ou des valises suspectes, ne sauraient se méfier de cette innocente platitude...

Je dois dire que la police du Minnesota ne paraît pas avoir une prédilection pour ce genre de recherches et ne poursuit, avec une juste sévérité, que les misérables vendant de l'alcool à des enfants. Il y en avait une douzaine sous les verrous de Stillwater. Les statistiques de cette prison modèle, que j'eus le privilège de visiter, valent toutes les plus savantes et épaisses monographies sur le Minnesota. En examinant les méfaits et crimes pour lesquels plus d'un millier de citoyens sont condamnés à des travaux qu'ils n'auraient peut-être pas volontairement choisis, l'ethnographie de l'Etat s'éclaire d'assez curieuse façon. Dans cette liste minutieuse, qui comporte 83 catégories, j'ai tout d'abord été frappé du nombre des affaires de mœurs, avec le chiffre stupéfiant de 25 cas d'incestes en une année. 28 attentats à la pudeur, 39 violences exercées sur des jeunes filles de moins de 18 ans, 17 victimes de moins de 14 ans, d'autres tentatives plus odieuses encore indiquent, dans une population presque entièrement rurale, une effervescence sanguine qu'une culture sociale n'a pas encore tempérée.

Dans le pourcentage, par origine ethnique, des 294 prisonniers nés à l'étranger, il n'y avait que 4 Français contre 33 Suédois, 29 Norvégiens, 26 Russes, 23 Allemands, 21 Finlandais et 25 Canadiens, pour ne prendre que les groupes les plus importants.

Les confessions de foi se répartissent en 450 catholiques, 241 luthériens, 167 calvinistes, 197 méthodistes, 50 baptistes, 9 christian scientists, 8 adventistes, 5 grecs orthodoxes, 15 israélites, 1 mormon, 1 disciple de Confucius et 91 athées.

Par professions, les laboureurs (206) viennent en tête, suivis par les fermiers (145) ; les cuisiniers (66) arrivent avant les peintres (53). Les boutiquiers, les mécaniciens et les ouvriers de machine se serrent de près (36, 34 et 30) ; les cheminots (27) précèdent de peu les charpentiers (24), les clercs (23) et les banquiers (21). Les ingénieurs, les portefaix et les musiciens arrivent dead-head avec 20 représentants chacun. Les bouchers et les chauffeurs (19 et 18) sont suivis par les coiffeurs (16), les tailleurs (15) et les conducteurs de camion (14). Je supprime de ce taleau d'infamie toutes les corporations qui n'atteignent pas la douzaine, mais je note qu'il y figure 1 écrivain, 1 caricaturiste, 3 clergymen, 2 pharmaciens, 1 épicier, 2 journalistes, 1 policeman et 11 garçons de café.

Il n'eût pas été dépourvu d'intérêt de connaître, comme le fit M. Paul Bourget pour l'amour, à quelles catégories de crimes et délits ces diverses professions prédisposaient. Espérons que cela fera l'objet d'un chapitre nouveau du vingt-sixième annuaire de la prison d'Etat du Minnesota.

Ce lieu de détention est évidemment le dernier cri de la science pénitentiaire. A une petite heure d'auto de Saint-Paul, on se trouve soudain devant un majestueux palais, au large porche surmonté d'une marquise. Des parcs d'autos sont aménagés au bord des pelouses environnantes. A gauche du hall de marbre s'ouvre le salon d'attente des familles, à droite les bureaux de l'administration où de gracieuses dactylographes bavardent ou pianotent des lettres d'affaires. Cette prison est en effet une grande entreprise industrielle qui vend annuellement pour près de 3 millions de dollars (75 millions de francs) de cordes et de câbles de chanvre fabriqués dans ses ateliers, des machines agricoles, batteleuses, faucheuses, ratisseuses, etc., en quantité industrielle, paye à ses ouvriers-prisonniers des salaires qui s'élèvent à des centaines de milliers de dollars et avait, fin 1927, une balance de comptes s'élevant à 5.645.836 dollars 61 cents.

Cela exige évidemment un service de comptabilité et du personnel administratif.

Pour pénétrer dans la prison même, il faut franchir une série de grilles verrouillées, mais elles sont ripolinées de blanc, comme pour en diminuer la pénible impression. Ensuite ce sont de vastes couloirs inondés de soleil qui conduisent au réfectoire, au théâtre, aux serres, aux préaux de jeux, à l'imprimerie du journal rédigé par les prisonniers, en prose et en vers,

Le théâtre, qui contient plus d'un millier de fauteuils, sert également de salle de cinéma et de lieu de culte. Un dimanche un prêtre romain officie et ses ressortissants occupent les premiers rangs, tandis que les schismatiques et hérétiques garnissent le fond de la salle. Le dimanche suivant c'est un pasteur qui prêche et les catholiques cèdent les places réservées à leurs frères séparés. Cela contribue sans doute à la fraternité religieuse. Quand nous entrâmes dans le réfectoire, on y affichait les résultats d'un match de base-ball. Il ne manquait que les cours de la Bourse par T.S.F. La vision des cellules nous fut un autre étonnement. Ces petites cages d'une ménagerie humaine à quatre étages ont des lavabos à eau courante, une bibliothèque individuelle, et les prisonniers ont le droit d'y exposer, encadrées, leurs photographies familiales. C'est évidemment exigu, mais *home like.* On nous promena, au delà de l'immense pelouse où des équipes sportives du dehors viennent disputer des matches avec les détenus, au travers des ateliers, trépidants du bruit des machines et en tous points semblables aux ateliers des autres grandes usines américaines. Comme nous avions, quelques heures auparavant, visité l'usine d'assemblage de Ford où tout est prévu pour le confort des ouvriers, des rapprochements traversaient en zigzag notre cerveau. A part la série des barreaux ripolinés de l'entrée...

Mais c'est là un sujet plus complexe et plus riche encore que celui de la psychologie de la femme américaine.

J'aime mieux laisser mon esprit courir à la poursuite de musiques et de sourires alors que le soir descend sur le lac de l'ours blanc...

La douceur crépusculaire s'anime de souvenirs. Je me fais reproche de n'avoir point, dans ces quelques pages sur le Minnesota, évoqué les grandes figures françaises de sa première histoire, les Radisson (1655), Groseilliers (1659), Daniel Greysolon, sieur du Luth

(1679), Michel Accault et le père Louis Hennepin, Nicolas Perort (1686), le Sueur (1695), de la Perrière (1727), la Verrendrye et la Jemeraye (1731), Nicollet, etc..., de n'avoir point conté notre instructive visite aux grands moulins de la médaille d'or, fournisseurs de l'Europe, de n'avoir rien écrit sur les ingénieuses mises en scène du musée zoologique, sur les pièces de choix de la section grecque du palais des beaux-arts, sur le parc Como, gloire florale de Saint-Paul, sur la navigabilité du Mississipi, sur l'art du fer forgé dont Minneapolis s'enorgueillit à juste titre; mais une lassitude béate finit par envahir celui qui voit trop de choses et s'intéresse à toutes.

Nos hôtes de Saint-Paul, à l'issue du banquet du Yacht-Club, nous décernèrent un titre de citoyenneté et nous en remirent le premier bénéfice sous forme d'un dollar fraîchement sorti des presses de l'Union, en nous en garantissant un autre à chacune de nos ultérieures visites.

On retrouvera dans mes papiers, après ma mort, le numéro A. 57,447,911 A de la série E. 256, car j'ai bien l'intention de ne jamais le dépenser, même pour aller en chercher un autre.

CHICAGO

Longueur d'onde : 344.6. Indicatif. W. L. S. 14 heures (Central Standard Time) *Oh-key-oh! Key-oh! Key-oh!* C'est le studio des abattoirs Swift and C°, qui diffuse des recettes de cuisine. Au rez-de-chaussée, un des neuf millions de cochons égorgés au rythme de 3,645 à l'heure entre dans le circuit de la mort. Un nègre, éclaboussé de sang, l'attend au bas de la roue qui l'élève pendu par une patte. Un coutelas arrête les cris déchirants. Neuf secondes. A un autre. Des corridors. Des balcons dioramas. Des cuisses, des poitrines, des tripes défilent, accrochées à des chaînes sans fin ou sur des tapis roulants à la même vitesse que les pièces de tôle dont on garnit les six cylindres de série. Un écriteau : « Les personnes sensibles peuvent écourter ici la visite et prendre à droite ». L'amour-propre est plus fort que l'écœurement. Sous la passerelle, des bœufs, des vaches, des veaux, serrés dans d'étroits enclos, s'agitent et beuglent. Des cadavres fauves tachés d'écarlate gisent de l'autre côté de la barrière. Un noir, à demi nu, patauge. Une senteur fade et chaude monte de la fosse. Il y a de quoi neutraliser le stimulant d'une demi-douzaine de *bronx* et de *manhattan* et briser le *sheep dip* le plus électrique.

Le grand air. Ouf! Il faut, paraît-il, avoir vu cela comme les étrangers font, à Paris, un pèlerinage à Notre-Dame ou au pied de la tour Eiffel. C'est peut-être une épreuve de placidité du diaphragme, une maıière d'entraînement de la sensibilité pour les futurs ımateurs de matches de boxe et de records d'automo- ›iles.

Je ne sais pas si les visiteurs, émerveillés par la 'itesse industrielle du dépeçage, du nettoyage, du tri les morceaux, du fumage, de la salaison, de l'estam- ›illage, de la mise en boîtes, attachent une importance :gale au traitement prodigieux des sous-produits, que .e soit de l'insuline, des savons ou des engrais, et s'ils ›nt l'esprit tendu vers les attraits de l'économie poli- ique. Sorti victorieux de l'épreuve, avec la satisfaction l'un homme qui va prendre une tasse de thé dans le 'ullman du South Eastern après un *rough crossing,* e me suis, avec intérêt, plongé dans les documents et es statistiques relatifs à cette industrie qui a fait une ›artie de la fortune et de la réputation de Chicago.

Swift and C°, rivaux d'Armour de notoriété mon- liale, emploient 55.000 ouvriers et ont fait, en 1928, ın chiffre d'affaires de 970.000.000 de dollars, soit ›lus de 24 milliards de francs. Le bénéfice net a été le 14.800.000 dollars (370 millions de francs), ce qui 'eprésente moins de 2 0/0 de l'encaisse.

Swift and C° abattent annuellement 9 millions de ›orcs, 4 millions de bovidés, 4 millions de moutons, ;oit un quinzième de la viande des Etats-Unis. Or les ;tatistiques du département de l'agriculture établis- ;ent qu'au 1er janvier 1928, le cheptel américain était 'edescendu à son chiffre de 1912 et que les bœufs ıotamment étaient réduits à 23.372.000 têtes, ce qui :st le recensement le plus bas depuis 1877. Entre 1919 :t 1928, les bovidés ont diminué de 30 0/0, ce qui ›eut dire que l'abatage a dépassé annuellement de .500.000 les naissances. Or, dans le même temps, la ›opulation des Etats-Unis a augmenté de 20 millions l'âmes... et d'estomacs. Une affaire comme celle de Swift and C°, qui vit sur un bénéfice de 2 0/0, limite ıui lui est imposée par la concurrence, ne peut que lifficilement réduire son rythme et son volume d'affaires. La diminution du cheptel comme la tension financière sont de nature à augmenter les exigences des éleveurs, premier engrenage de la vie plus chère. Cela déterminera peut-être les ménagères américaines à apprendre l'art d'accommoder les restes, souci qui leur a paru, jusqu'ici, comme étant au-dessous de leur dignité.

Mais ces méditations peuvent se poursuivre ailleurs que dans le quartier des *stockyards,* aussi noir de suie et désolant que les faubourgs de Manchester.

Avant d'arriver ou plutôt de revenir au centre commerçant et élégant de la ville, on traverse des avenues d'étrange atmosphère. Aux fenêtres sans rideaux de jolis hôtels particuliers, tels qu'on en voit autour des squares londoniens, des négrillons à demi nus apparaissent. De sombres matrones enturbannées de madras ou chapeautées de pailles multicolores jacassent sur les perrons. C'est l'invasion des gens du Sud, appelés comme travailleurs pour maintenir l'élan industriel prodigieux de Chicago. Ces nègres ont fait fortune. L'un d'entre eux, un jour, a réussi à acheter une maison dans une artère élégante. Les voisins blancs sont partis. Les loyers ont dégringolé et les nègres ont conquis toute la rue. Ils s'avancent ainsi patiemment. Ils étaient 30.000 en 1900, 44.000 en 1910, 110.000 en 1920. Des gentlemen de couleur roulent auto, laissant pendre à la portière de puissantes mains endiamantées. La contrebande de l'alcool et divers autres métiers qui ne plaisent pas à tout le monde ont consolidé les aisances initiales. La question noire est mieux qu'un antagonisme légué par la guerre de Sécession, l'amour-propre du *civis americanus* qui veut tenir à distance l'esclave libéré. Les *spirituals* et les *blues,* la musique nègre, l'art nègre, nostalgique et sensuel, pénètrent peu à peu dans cette société blanche qui s'est bâtie une demeure en acier mais s'est insuffisamment préoccupée de son décor psychique. On aimerait lire une fantaisie écrite en collaboration ar Wells et Bernard Shaw sur une évolution néroïde de la civilisation américaine, la nonchalance fricaine triomphant du mécanisme forcené, tandis ue de haut-parleurs bercent les usines comateuses le la langoureuse mélodie du nègre James Bland *In he evening, by the moonlight*. Ce serait un bon sujet our une « anticipation ». Sociologiquement la réaliation en est plus qu'improbable, car la fécondité nègre, léjà ralentie par la préoccupation malthusienne, ne aurait faire courir aucun danger à la majorité blanhe. La menace est, comme je l'ai laissé entendre, d'un utre ordre : l'attraction inconsciente du romanesque rimitif, d'une sensibilité à fleur de peau, d'un déterninisme alangui, d'un mysticisme bon marché, triomphe de *Pagan Love* et déroute d'Athèna. Les syncopes de jazz et les vibrations anesthésiques de la scie hawaïenne sont des poisons lents et délicieux. S'il y a des sorciers nègres doués de vertus analytiques, ils doivent sourire.

Les avenues passées au noir, si je puis dire, ne figurent pas d'habitude sur les parcours d'autocars *Seing Chicago*. Par contre, on m'a montré la boutique de fleuriste de State street, quartier général de Dion O'Banion, ancien enfant de chœur, *gangster* dissident de la bande Torrio-Capone, fournisseur de couronnes pour les enterrements de gala de bandits, assassiné en plein jour par d'anciens complices.

Il est tout aussi difficile de fixer l'histoire moderne que l'ancienne. Mon guide m'affirma qu'un combat en règle avait eu lieu, que les passants avaient senti les balles de mitrailleuses frôler leurs mollets et que les marches de l'église épiscopale de l'autre côté de la rue portaient encore les traces de cette fusillade.

Un autre informateur me déclara qu'O'Banion, ayant reçu commande téléphonique d'une gerbe de prix pour une infortunée victime des *bulls* (la police), vit un fourgon funèbre s'arrêter devant sa porte, ouvrit sans méfiance aux croque-morts et fut croqué à bout portant, sans pouvoir en conséquence faire usage de sa mitrailleuse. Il avait eu le tort, paraît-il, se sentant en âge de voler de ses propres ailes, de *muscle in* comme on dit là-bas, de gâcher les prix des tord-boyaux de contrebande et d'augmenter de 50 0/0 les pots-de-vin endormeurs de policiers. La haute et basse pègre de Chicago est la désolation de cette somptueuse et resplendissante cité. Elle en souffre comme d'un déshonneur tout en ne cessant d'en parler. Une agglomération de quatre millions d'êtres venus de tous les coins de la planète pour faire fortune, oublier ou laisser oublier leurs antécédents, ne peut espérer la placidité bonhomme des bourgeois de la Haye ou des agriculteurs de Slesvig. Il n'y a pas que la police de Chicago pour employer les « ananas du Niagara » (grenades lacrymogènes) et les encaisseurs ne sont pas plus en sécurité sur les bords de la Méditerranée que sur les rives du lac Michigan. Le déséquilibre moral engendré par la prohibition contribue à l'entretien de cette criminalité évidemment fâcheuse, mais dont toutes les capitales cosmopolites offrent plus ou moins l'équivalent. Que Chicago se rassérène donc. Ses hôtes ne lui en tiennent nulle rigueur. Ils n'y pensent même pas durant leur séjour, hypnotisés par la beauté et séduits par la grâce d'un merveilleux accueil.

La vision du Wrigley building et de la tour gothique de la *Tribune*, au débouché de la Walker Drive Plaza, de l'autre côté du pont somptueux qui relie les deux tronçons de l'avenue du Michigan, est un des plus impressionnants ensembles architecturaux du monde. De même le nouveau gratte-ciel du *Daily News* dressant sa large et monumentale façade percée d'un millier de fenêtres derrière une place de marbre blanc, au centre de laquelle chante une fontaine flanquée de griffons, fait penser au mur d'un théâtre antique comme il n'y en eut jamais de plus harmonieux et de plus imposant. La rivière le sépare du nouvel opéra aux vertigineuses lignes droites. C'est peut-être en cet endroit qu'on peut le plus exactement apprécier la majesté de l'art constructif américain.

Il est facile de dire qu'après tout, l'ingénieur Eiffel, en construisant sa tour qui étonna le monde en 1889, a résolu le problème des gratte-ciel qui ne sont que des tours Eiffel dont on a rempli de ciment ou de briques l'armature de fer. Le Monadnoch block, construit par les architectes Daniel Burnham et John W. Root et donné comme la plus grande sensation de l'architecture américaine lors de l'Exposition universelle de Chicago, ne date que de 1893.

Mais là où l'Amérique a repris le commandement, c'est dans l'adaptation de ces tours de force techniques aux soucis de l'esthétique.

Elle a longtemps tâtonné, allant du gothique au cubisme en passant par la renaissance florentine et le roman, styles qui ne s'accommodaient pas d'un étirement excessif en hauteur, jusqu'au jour où elle a trouvé que le seul dosage des volumes suffisait à résoudre le problème.

Chicago se prête mieux que New-York, où le recul fait défaut dans la plupart des cas — sauf évidemment pour la gare centrale — à l'étude de ces masses. Le boulevard de Michigan, construit d'un seul côté devant une rive qu'on élargit pour y aménager des jardins — c'est là que se trouve le plus grand hôtel du monde, le Steven, qui a coûté 750 millions de francs à construire; il a trois mille chambres, mais gagnerait à n'en avoir que 1.500, pour élargir chacune d'elles — est une splendide perspective. Cela n'a pas l'harmonieuse distinction de la rue de Rivoli face au jardin des Tuileries, mais il est des choses qu'on ne peut pas refaire et qu'on ne doit pas chercher à refaire. Les Etats-Unis ont créé un style qui correspond à leur éthique. Ils n'y ont nulle part mieux réussi qu'à Chicago.

On ne peut, dans les limites d'un article que le terme

approchant d'un long voyage oblige d'écourter, que piquer quelques notations dominantes. Il fut peu d'impressions plus vives que la découverte des salles françaises de l'institut des beaux-arts. Il y a là des Hubert Robert, le *Don Quichotte* de Daumier, le portrait de Manet par Fantin-Latour, celui de Cézanne par Renoir, *le Philosophe* et *les Leçons de musique,* de Manet. *Les Coulisses de l'Opéra,* par Forain, les portraits de Renoir et de Manet par Albert André, des Carrière, des Guillaumin, une *baigneuse* d'Albert Besnard, un merveilleux Degas, des Lautrec prestigieux, entre autres *le Cirque* et *Au Moulin-Rouge,* des Gauguin, des Vangogh, des Seurat et même une « cascade » en zinc du douanier Rousseau, offerte en souvenir de Mme Helen Birch Bartlett, victime du snobisme nègre.

Peut-on ne point s'arrêter à la reconstitution, panneau par panneau, du salon du duc de Longueville, rue de Verneuil, dont la cheminée s'orne du buste de Piron par Caffieri, à telle chambre du dix-huitième siècle français aux laques rouges, à cette petite pièce qui se trouvait à la maison de Zebina, près de Montpellier, et dont les murs racontent, en papier peint, l'expédition de Bonaparte en Egypte?

Le goût des conservateurs américains est sûr. Leurs achats sont terriblement judicieux. C'est presque douloureux.

Mais il s'en faut consoler en imaginant que tous ces chefs-d'œuvre français en exil irradient sur leur nouvelle patrie quelque chose de notre esprit et contribuent à faire de Chicago — hommage que je lui rends de tout cœur et sans flatterie — la plus parisienne des métropoles américaines.

NEW-YORK

New-York est comme son climat. On peut y recevoir de la neige sur un chapeau de paille. Les courants sociaux qui la traversent ont peut-être sur elle des effets analogues à ceux du Gulf Stream sur nos côtes. C'est une métropole en perpétuel bouleversement, à ce point consciente du provisoire de ses gestations qu'elle ne se donne plus la peine de réasphalter ses trottoirs et de repaver ses rues. Dans l'expectative d'une démolition et d'une reconstruction prochaines, le ravalement des façades paraît superflu et les usines géantes de Jersey-City, de Brooklyn, de Long-Island activent l'offrande de leurs suies convergentes aux maisons de Manhattan. Il n'est pas besoin de pousser jusqu'au ghetto cosmopolite ou au faubourg de Harlem — où les négrillons se déculottent dans le ruisseau — pour piétiner des épluchures de bananes, des empaquetages vides de cigarettes et des vieux journaux. La police de la Ville Eternelle sous le régime mussolinien en ferait une maladie.

L'*elevated railway*, l'*L*, aux ferrailles lépreuses, fait un vacarme de tonnerre dont le Métro lui dispute souterrainement l'assourdissante ampleur. Avec le martellement perçant des riveteuses et le halètement des grues élévatrices, l'hymne à la gloire de la mécanique doit atteindre le deuxième et le troisième ciel, sur les sept qui traditionnellement entourent notre petite planète.

New-York, malgré la somptuosité de la Cinquième

Avenue, la noblesse architecturale de Park Avenue et d'autres artères centrales, n'a pas l'atmosphère d'une ville de résidence.

Elle est et elle reste un port d'arrivée et de départ. Il faut faire à ce truisme la grâce d'une plaidoirie.

New-York est la cité magique qui hante les rêves du juif polonais, du *loustro* grec, du bûcheron finlandais, de l'artisan tchécoslovaque, du terrassier italien, de l'intellectuel français, du virtuose européen de tout âge et de tout instrument, de ceux pour lesquels l'existence est ingrate. C'est le royaume de la fée de l'or et ses *skyscrapers* réalisent la cathédrale de *Messidor*.

Des centaines de milliers, des millions d'êtres, ayant péniblement économisé le prix de leur passage et le petit fonds de première existence exigé au débarquement, ont avidement, frénétiquement, quand le transatlantique est enfin entré dans la rivière de l'Hudson, contemplé la cristallisation architecturale de la « Battery » et vu, dans un mirage, la fin de leurs misères.

New-York est le porche monumental de l'espérance. Ce porche, il est vrai, ne donne pas immédiatement accès au pays d'Eldorado. Il y a bien des fondrières, des fossés, des défilés sombres à traverser avant d'en connaître le rutilant enchantement, mais le fait demeure: New-York est la ville où l'on croit que l'on deviendra riche tôt ou tard. Le signe fatidique du dollar, l'S barré, semble emprunté au dessin même de Manhattan dans la boucle de l'Hudson et de l'East River.

Malgré la formidable bigarrure de la population, l'uniforme appétit crée une manière d'âme à cette étonnante cité. Son cœur bat au rythme de Wall Street qui reçoit et renvoie le flot d'or. On a un peu l'impression que tout le reste : les musées, les bibliothèques, les universités, malgré leur splendeur, leur perfection technique et tous les hommages mérités qu'on peut leur rendre objectivement, ne sont qu'un superflu, quelque chose comme les jardins féeriques, les concerts symphoniques et les représentations d'opéra offerts gratuitement aux clients de la roulette et du trente et quarante. Dès qu'on quitte la région des palaces, on tombe très vite sur les rues de pensions de famille et de chambres meublées d'un contraste saisissant. C'est tout à fait la sensation que j'avais une fois éprouvée, il y a bien des années, sur la Riviera, en entrant dans un modeste hôtel de décavés. Le *herr doktor* à martingale, le gentilhomme vénitien qui engagerait bien ses boutons de manchettes si leurs énormes diamants étaient vrais, le vieux beau qui cire exagérément ses moustaches, la demi-mondaine sur le retour, le peintre romantique qui croit à la providence étaient là, fraternisant avec des croupiers corses en veston d'alpaga. Tous ces pauvres diables gardaient peut-être l'illusion qu'une invraisemblable série de couleur, comme on n'en rencontre pas deux fois en un siècle, leur permettrait de faire sauter la banque avec vingt francs de mise initiale. Pour l'instant, ils ne songeaient qu'à leur « matérielle ». New-York est pleine de ces chasseurs de chimères qui se contentent d'un passereau. Il faut voir la foule devant les bureaux de placement quand on affiche les situations proposées. Etre venu de si loin pour se résoudre à être laveur de vaisselle ou manœuvre? L'on s'y résigne pour ne pas tomber plus bas, parmi les *under-dogs* qui vont frapper aux portes de l'Armée du salut.

La lutte pour la vie est si féroce que New-York n'a pas de place pour les enfants; la petite voiture dans laquelle frétille un *bambino* qui lance par-dessus bord un canard en caoutchouc suffisamment sucé est un véhicule aussi rare qu'un fiacre hippomobile à Paris. Où voulez-vous que s'amusent et même respirent des « gosses » dans cette Babylone sans jardins publics?

New-York est un *ring* pour *heavy weights* à poings de fer et estomac d'acier. Les poids « plume » et les poids « coq » ne peuvent que sautiller près des cordes.

Cela, c'est l'impression majeure, l'accompagnement

sonore et entêtant qui perce sous la mélodie légère de Broadway. Le touriste, ébloui par tant de lumières, attiré par les réclames engageantes des théâtres et des music-halls, somptueux ou populaires, où ne manque même point la licence perverse des *burlesques,* par l'éclat des boutiques, par les restaurants, les *drugs-stores,* par l'intensité du luxe et du plaisir, ne voit en New-York qu'une cité où il fait bon vivre et qui réunit matériellement tout ce que l'existence peut offrir. En quelques secondes, les câbles ou la T. S. F. y déversent les nouvelles du monde entier. Avant même qu'une rumeur ait pu franchir un cercle étroit d'intéressés, les volumineuses éditions spéciales des journaux ont tout raconté aux foules. Les collections des modes de Paris sont aux devantures le jour même où les mannequins les « sortent » sur nos champs de courses.

New-York c'est l'électro-aimant qui attire les êtres et les choses. Il agrippe fortement les cœurs métalliques, mais laisse retomber, vidés, ceux dont la provision de fluide était pauvre.

Cette trépidation de dynamo est-elle nécessaire?

On raconte qu'un Chinois, sortant de Customs House, demanda son chemin pour regagner son hôtel. On lui indiqua plusieurs moyens de locomotion et son informateur ajouta : « Par cette voie-là, je gagne trois minutes ». Alors le Chinois fixa le New-Yorkais, avec la placidité souriante que peut avoir un Chinois et lui demanda : « Ces trois minutes, qu'est-ce que vous en faites? »

L'Américain demeura coi. Il n'avait jamais réfléchi à l'utilisation de ces minutes dont le gain lui paraissait l'essentielle préoccupation de tout citoyen du Nouveau-Monde. Il gagnait des minutes simplement pour gagner des minutes. Il y a dans cette anecdote, vraisemblablement inventée, car elle est trop belle, tout le procès d'un des aspects de la civilisation américaine. On se bouscule sans savoir exactement pourquoi. On fait des efforts prodigieux pour des résultats disproportionnés. On chronomètre la rapidité de l'ascenseur, mais on bâille d'ennui dans la cellule d'un bureau standard. On organise tout, sauf les loisirs de la pensée. On gagne des minutes, mais on ne sait pas quoi en faire.

Si jamais une université américaine, amie de la fantaisie, me faisait l'honneur, sur mes vieux jours, de m'appeler à monter dans une de ces chaires estivales où défilent les divers représentants intellectuels du Vieux-Monde, je ne voudrais disserter sur autre chose que sur l'art de perdre son temps. Cette hérésie contre un des dogmes transatlantiques ne me conduirait pas jusqu'au fauteuil électrique, mais je n'aurais certainement aucun succès, même d'estime.

L'Américain, qui est essentiellement tolérant et accepte sans sourciller les inventions les plus baroques et les paradoxes les plus « directs », dans le sens pugilistique de cet adjectif, n'admet ni la plaisanterie ni la discussion dans le domaine du travail. Le concept économique s'est transformé en une manière de religion dont on défend l'enseignement, comme les traditionalistes défendent la matérialité végétale du Paradis, l'opération de la côte d'Adam et le séjour de Jonas dans le ventre de la baleine.

Le taylorisme et le fordisme flamboient comme les Tables de la Loi sur le nouveau Sinaï.

Le plus amusant est que ces fidèles intransigeants louent six mois à l'avance, sinon davantage, leurs cabines pour venir en Europe, cette pauvre Europe boitillante, retardataire, cacochyme, dont ils stigmatisent ou plaignent, s'ils ont le cœur tendre, la déplorable impotence.

Si elle est le port magique d'arrivée de ceux qui, dans le vieux monde, aspirent à une vie nouvelle, pleine de jeunesse et de promesses, New-York est le port de départ de millions d'Américains, attirés non par la simple curiosité touristique, mais par certaines lueurs qui montent vers les nues.

Ils disent qu'ils tiennent à voir la Sainte-Chapelle, le tombeau de Napoléon, la cathédrale de Chartres, les châteaux de la Loire. Oui, mais au fond de bonnes photographies leur suffiraient. Ce qu'ils viennent chercher, en vérité, dans cette douce France dont ils ne parlent qu'avec attendrissement, c'est la volupté, défendue *at home*, de renier les doctrines qui ont créé leur fortune matérielle et la joie de pouvoir faire ce qu'ils veulent.

La Fontaine, s'il avait pu prévoir l'évolution du monde, aurait dédié la fable du Savetier et du Financier aux mânes de Christophe Colomb.

Ceux qui condamnent *ex cathedra* avec une grandiloquence d'anathèmes comme ceux qui exaltent à coups intéressés ou béats d'encensoir la civilisation américaine sont également dans l'erreur. Il n'y a d'ailleurs pas de civilisation américaine à proprement parler, ayant en elle-même son commencement et sa fin, mais une civilisation *blanche* qui a trouvé sur le sol américain des moyens facilités d'expression et de développement.

Cette civilisation est-elle en voie de dérailler, en se laissant emporter par une motrice électrique aux commandes bloquées à la quatrième vitesse?

Le dédain des petits efforts quotidiens lui fait-il perdre les petites joies quotidiennes dont l'addition constitue le bonheur humain?

A-t-elle à jamais désappris la saveur de l'humilité qui donne la paix intérieure?

Veut-elle ignorer l'éternelle loi qui ne garantit qu'aux lentes acquisitions la force des durables possessions?

Ces problèmes se posent avec une amicale inquiétude au retour d'un voyage aux Etats-Unis, mais la réflexion seule les présente à l'esprit, lorsqu'on s'efforce de conclure.

Je ne pensais pas à tout cela quand, un vendredi soir, ou plutôt un samedi matin, car il était minuit et une minute, — superstition de marin — le transatlantique laissa tomber sa dernière amarre.

Il y avait toute l'émotion des amitiés nouées et que la distance allait estomper, le soudain remords de n'avoir pas profité de cet exceptionnel voyage pour emmagasiner plus de faits, plus de visions instructives, récolter plus de documents — malgré l'acquisition d'une malle supplémentaire à San-Francisco — de n'avoir pas approfondi bien des questions entrevues.

Il y avait aussi une jeune et délicieuse voix de soprano qui, sous les étoiles, chantait l'« Hymne à Paris » de *Louise*...

TABLE DES CHAPITRES

Typographie Firmin-Didot et Cie. — Mesnil (Eure). — 1930.

33691. — Imp. A. Maretheux et L. Pactat, 1, rue Cassette, Paris. — 1930.